勉仁尚上

——中职德育构建探索与实践

主编 丁建庆 桂莉
副主编 陈应纯
参编 费明卫 刘波 黎晓兰 李彦红
肖永莲 蒋志侨 毛莉娟 陈让

SWUP
西南大学出版社
国家一级出版社 全国百佳图书出版单位

图书在版编目(CIP)数据

勉仁尚上：中职德育构建探索与实践 / 丁建庆，桂莉主编. -- 重庆：西南大学出版社，2023.8

ISBN 978-7-5621-7691-6

Ⅰ. ①勉… Ⅱ. ①丁… ②桂… Ⅲ. ①德育工作－研究－中等专业学校 Ⅳ. ①G711

中国版本图书馆CIP数据核字(2015)第285607号

勉仁尚上——中职德育构建探索与实践

丁建庆　桂　莉　主编

责任编辑：牛振宇
责任校对：熊家艳
封面设计：李　燃
排　　版：瞿　勤
出版发行：西南大学出版社(原西南师范大学出版社)
　　　　　地址：重庆市北碚区天生路2号
　　　　　邮编：400715
印　　刷：重庆新生代彩印技术有限公司
幅面尺寸：170 mm × 240 mm
印　　张：10
字　　数：180千字
版　　次：2023年8月　第1版
印　　次：2023年8月　第1次印刷
书　　号：ISBN 978-7-5621-7691-6
定　　价：59.00元

序言

XUYAN

重庆市北碚职业教育中心历来重视和践行以科研引领学校教育教学的改革。之前承担的全国教育科学规划重点课题“‘两阶段三课堂’学业评价理论与实践”，其成果获得重庆市政府教学成果奖二等奖和首届职业教育国家级教学成果奖二等奖。这次开展的“主体模块推进式”特色德育模式研究与实践，不仅理念新颖，而且成果丰硕，进一步彰显了国家示范中职学校的境界、内涵与改革创新实力。

德育在学校人才培养中具有首要地位。近十年来，教育部为改进和加强中职德育开展了大量工作。2009年，由教育部、中宣部、中央文明办、共青团中央、全国妇联等联合召开了新中国成立以来第一次全国中职学校德育工作会议。2014年，教育部修订了《中等职业学校德育大纲》。近几年来，中职德育虽在德育内容、德育途径、德育方式方法创新上进行了一些探索，但相对于中等职业教育快速发展的形势，还显得远远不够。在此背景下，重庆市北碚职业教育中心丁建庆校长组织团队开展特色德育模式研究，不仅在理论上进行了探源，而且在实践上进行了探索，在应用上进行了探究，取得了助推学校发展、促进教师发展、成就学生发展的突出成效。

特色德育模式的探索与实践，需要把握两个关键：一是坚持党和国家的教育方针政策，就是必须遵循教育部制定的《中等职业学校德育大纲》，以实现大纲规定的德育目标为标准；二是结合本校实际，充分挖掘校本德育资源，尤其是学校的文化资源。当前和今后一段时期，还必须把社会主义核心价值观的教育摆到重要位置，以此为抓手，加强学生人文素养教育，培养学生美好的心灵和良好的行为习惯，塑造学生健康的人格和积极向上的心态。这不仅利于学生今后职业生涯的发展，也利于社会的和谐稳定。

我相信这部著述的出版，不仅能够引导北碚职业教育中心的德育工作，而且对全国中职学校都具有一定的借鉴价值。

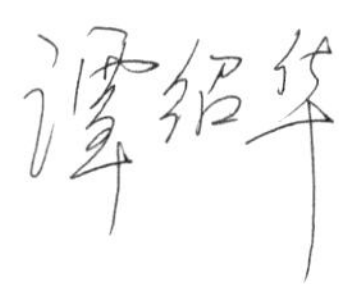

前言

QIANYAN

目前，我国绝大多数中职学校都非常重视德育工作。中职学校承担着培养大批高素质综合型技术人才的社会职责。因此，立德树人是中职德育的工作之本。长久以来，我国关于中职德育模式的研究从来没有中断过，取得了丰硕的理论和实践成果。本书研究基于中职学校德育工作实际，通过理论研究和实践操作，探索出一种适合中职学校的特色德育模式——“主题模块推进式”特色德育模式。

“主题模块推进式”特色德育模式以学校文化为积淀，是一种有着学校传统文化底蕴，又融合时代特色和现实需要的独特德育模式，具有系统性和针对性强、重点突出的特点。它根据学生认知规律和青少年的身心特点，以学校文化为引领，以模块为基础，利用两个学年（四个学期）的时间，按照“引导学生成人—教会学生成事—培养学生成才—激励学生成功”的递进顺序展开和推进德育工作。本书共分为三个部分：第一部分是理论篇，对中职学校特色德育模式的内涵、特点、功能和构建原理做了阐述；第二部分是实践篇，分析了“主题模块推进式”特色德育模式的结构、要素和运行机制；第三部分是总结篇，以“主题模块推进式”特色德育模式在重庆市内外各中职学校的实践为基础进行分析总结，以期进行更大范围的推广应用。

本书由丁建庆、陈应纯、桂莉、费明卫、刘波、黎晓兰、李彦红、肖永莲、毛莉娟、蒋志侨、陈让共同编写。具体分工如下：第一章和第二章由丁建庆、费明卫、肖永莲编写；第三章由陈应纯、毛莉娟编写；第四章由桂莉、刘波、黎晓兰编写；第五章由李彦红和刘波编写；第六章由桂莉、陈应纯编写；第七章由桂莉、蒋志侨、肖永莲编写；第八章由丁建庆、费明卫、陈让编写。全书统稿由桂莉负责。

本书在编写过程中参阅了大量的书刊与资料，在此对有关作者表示感谢。由于编者水平有限，书中难免有不足之处，恳请广大读者批评指正。

引言

一直以来，我国关于中职德育模式的研究从未中断过，取得了丰硕的理论和实践成果。但遗憾的是：当前的中职德育仍然存在很多问题，并且发展形势不容乐观。具体表现为：人才培养中“缺德”现象突出，德育工作经验多、模式少，亮点多、面积小，探索多、实效少，头绪多、归纳少，问题多、方法少的“五多五少”现象普遍存在。已探索出具有自身特色德育模式的中职学校仍然是少数，并且其模式的有效性以及可借鉴性也有待商榷。

目前，中职学校都非常注重自身的德育工作，但是遗憾的是我国很多中职学校的德育模式沿用的还是传统的普教德育模式，在创新性以及有效性方面还有待提高，大都缺乏自身的特色。随着我国经济体制的深刻变革，人们在思想认识、道德选择、价值取向等方面的独立性、多样性、多变性、差异性日益增强，中职学校德育工作的社会环境发生了很大变化。世界范围内围绕发展模式和价值观的竞争日益激烈，各种思想文化的碰撞日益频繁，各类社会思潮不断投射到校园，使中国特色社会主义理论体系进课堂、进教材、进头脑的任务更加艰巨，为中职学校德育工作增加了难度。

此外，中职学校近年来招生规模不断扩大，有相当一部分学生文化知识基础较薄弱，行为习惯养成相对缺乏。学生家长和在校学生对中职学校德育课的重要性认识不足，大多数中职学生是中考的失利者，带着无奈的心情进入了中职学校，对学习的态度并不积极，往往是把注意力更多地放在专业课的学习上，而忽视文化课程的学习，轻视德育课程的学习。一些家长也认为进中职学校就是学点技术，找个工作，对德育学习没有什么期待。也有些学校出现了德育课教学“说起来重要，做起来往后靠”的现象。

传统的中职学校德育工作的模式过于陈旧，造成很多中职德育工作过于低效，甚至是流于形式。本来一些德育工作非常有意义，所产生的效果却不尽如人意。基于这些情况，我们有必要对中职学校特色德育模式进行更加深入的研究。

目录

MULU

上篇　理论篇

中篇　实践篇

◆上篇◆

理论篇

第一章 中职学校特色德育模式的内涵解读

何谓德育模式呢？ 理查德·哈什等在《道德教育模式》一书中进行了这样的定义："道德教育模式就是一种考虑教育机构中关心、判断和行动过程的方式。每种模式都包括人们关于如何发展道德的理论观点以及促进道德发展的一些原则或方法。"在我国也有很多关于德育模式的论述，如将德育模式归属于方法范畴，或认为德育模式就是把德育理论以简化的形式有效表达出来，还有学者认为德育模式并不是德育方法，也不是德育计划，更不是德育理论，德育模式的内涵包含程序、结构、原则以及策略等。 综上所述，德育模式就是在一定的德育思想的指引下，经过长期的德育活动实践而最终定型的一种德育活动结构及对应的德育活动实施策略。

何谓中职学校特色德育模式呢？ 中职学校特色德育模式主要是指在德育基础理论、中职德育方针与目标、中职人才教育观的指导下对中职学生实施的一项具有鲜明特征的德育组织程式。 中职学校特色德育模式主要具有人才属性、文化关联以及模式架构等诸多方面的鲜明特征。

第一节　时代新特征与中职德育

一、时代新特征与传统中职德育的冲突

一个人的道德观如何主要是由他（她）所处的物质利益关系以及社会经济关系所决定的。 如今，价值观和道德取向日趋多元化，中职学生在生活和学习中能深切感受到这一变化，并在此影响下形成了自己的道德观念。 道德观念在一

定程度上影响着他们对中职德育内容的接受程度，以及是否可以将德育内容有效地内化并转化为道德的外在行为。目前，中职教育已经呈现出大众化趋势，中职学生群体的结构也更加复杂化。中职学生的某些经历与学校的道德教育可能会产生思想观念的冲突或碰撞，这就要求中职德育工作者应该更加重视中职学生的校外经验以及中职学生对于这些经验的评价（基于道德观念），并且需要结合中职学生在日常生活中所面临的具体道德问题而展开适宜的教育，帮助中职学生科学、有效地处理相关的道德问题。但是，传统的中职德育工作多采用智育的方式来对中职学生实施道德教育，习惯把中职德育工作简化为一种道德上的说教。这样的中职德育工作所产生的效果往往不尽如人意，只是让学生获得大量与自身德行无关的纯理论道德知识。对于这种纯理论的道德知识，中职学生往往会产生一种排斥心理，很难接受，因此中职德育工作的实效性也就无从谈起。

当下，几乎每一位中职学生都需要面对群与己、利与义、理与欲的考验。受到多元文化的影响，很多中职学生会失去对价值定向的把握能力，其道德观念往往会因为社会的影响而产生偏差。基于此种情况，中职德育工作者必须准确把握中职学生的实际道德认知水平以及思想状况，在道德教育过程中必须着重培养其道德判断、道德推理、道德抉择能力以及对环境及他人情感、利益和需求的敏感性。而要做到这一点中职学校只依赖传统的德育模式远远不够，需要尝试一些具有特色的德育模式，让二者有效结合，最终才能提高中职学生的思想道德水平。综上，当今时代需要一种或多种具有特色的中职德育模式。

二、时代新特征对中职学校德育工作的要求

（一）德育主体权威的改变要求德育主、客体的对话与互动

过去，由于信息渠道的限制，中职德育客体——学生，往往不能够及时获取相关的德育信息，他们的德育信息大多来自传统的信息中心，诸如教师、学校以及政府机关等。然而，随着互联网的迅猛发展，中职学生获取德育信息的渠道日趋多样化。中职学生在互联网中可获取各种各样的信息，在一定程度上削弱了德育主体的权威性。另外，由于受到社会现代化发展的影响，中职学生的参与意识也在不断增强，传统单一的“传递一接受”式德育模式已经不能满足时代

发展的要求。现实情况要求我们必须改变传统的中职德育模式，构建一种主、客体之间及时互动与对话的现代中职德育模式，从而适应德育客体思维方式以及生活方式的变化。现代中职德育模式的德育主体呈现出非权威性特征，其主要任务是根据德育理念与德育方式引导和帮助德育客体——中职学生，形成正确的思想道德观念以及分析和解决思想道德问题的能力。

（二）多元化趋势要求中职德育具有包容性

新时代背景下，中职德育理念应该兼顾统一性与多样性，即在坚持培养有理想、有文化、有道德、有纪律的社会主义接班人德育理念的基础上，适当允许其他的德育理念存在及发展。中职德育应该具有包容性，当前中职德育工作除了要有主流的德育模式之外，也应该允许多种德育模式的存在来弥补主流中职德育模式的不足。如今是一个经济、文化多元化发展的社会，在这种背景下，中职德育模式也不应该是单一的，否则会影响中职德育有效性，也不利于整个社会的可持续发展。德育的政治性从根本上影响着中职德育的目的，所以，各种中职德育模式最终仍然会殊途同归，即满足社会主义建设和发展的需要。

（三）复兴民族和传承民族文化的历史使命决定了中国传统文化和历史教育应成为构建中职德育模式的重要内容

民族的才是世界的。弘扬民族文化是目前世界文化的主流发展趋势。基于此，对中职学生进行传统文化教育和历史教育应该成为中职德育的重要内容。中职德育工作在培养社会主义事业接班人的同时，还应该承担传承中华传统文化的重要职责。复兴民族和传承民族文化的历史使命决定了中国传统文化和历史教育应成为构建中职德育模式的重要内容。

三、中职学校德育有待特色化

虽然我国的中职学校都非常注重德育工作，但遗憾的是：很多中职学校的德育仍然沿用传统的普教德育模式，缺乏自身特色，在创新性和有效性方面还有待提高。由于传统的中职德育模式过于陈旧，很多中职德育工作过于低效，甚至流于形式，一些本来非常有意义的德育工作的效果也不尽如人意。此外，中职德育工作的实施必须要依赖一定的载体——德育阵地，以及强有力的保障措施，而现实情况是，很多学校在德育工作软件的开发和建设上没有做足工作，制订的德育工作目标也不明确，往往只制订了短期的德育工作计划，没有制订中长期德育工作计划。于是部分中职学校的德育工作呈现出一定的随意性以及盲目性，工作效率也不高。

查阅相关文献资料可见，我国目前采用的德育模式主要有：

(1)家庭德育模式。这种德育模式强调家庭德育是社会德育以及学校德育的基础，是培养中职学生思想道德水平的首要环节。

(2)班级德育模式。这种德育模式强调以班级为基础进行德育。

(3)社会德育模式。这种德育模式强调通过社会交往、社会舆论以及社会教育机构对德育主体施加影响。

(4)组织活动德育模式。这种德育模式主要通过学生党团组织、社团组织以及学生会等开展相关的德育活动，对德育主体施加影响。

(5)各学科教育教学德育模式。这种德育模式主要是在各学科的教学过程中无形地对德育主体施加影响，对其进行必要的道德引导。

实践证明：上述德育模式都在一定程度上对中职学生产生了德育作用，也为中职德育提供了宝贵的实践经验。不过上述德育模式与我们新时期所倡导的德育模式改革、立体德育模式与特色德育模式还存在一定的差距。构建具有本区或本校特色的中职德育模式是时代发展的需要。例如，重庆市梁平职教中心的“有序大课堂”，重庆市行知高级技工学校的“知行”德育，重庆市铜梁职教中心的“准军事化”德育模式，均为特色德育模式的精彩案例。特色德育模式构建的一般方法与规律值得研究与探索。

第二节　中职学校特色德育模式的内涵

一、中职学校特色德育模式的目标

中职学校特色德育模式的目标是中职学校特色德育模式实施的导向性因素，

是中职德育所提出的“培养什么样的人”的教育要求的具体体现。中职学校特色德育模式的目标在一定程度上反映了德育的本质以及实践着力点。

在新时代发展背景下，中职学校特色德育模式的构建不能回避人们的利益关系，要正视人们的利益关系，让中职学校特色德育模式更加贴近中职学生的生活实际。目前，中职学生无论是在生活还是在学习中都非常关注自身的利益，对自身利益表现出更多的重视。中职学校特色德育模式的目标不应该仅停留在追求与社会经济相适应的方面，应该更多地体现出以人为本的当代教育理念，应该把中职学生作为特色德育的培养主体，根据其认知能力和思想道德发展水平，有效促进中职学生在特色德育模式影响下德行的健康形成。

中职学校的特色德育模式应注重中职学生的主体性特征，积极提高每一位中职学生的主体思想道德素质，不断培养中职学生的良好个性品质，实现对传统中职德育模式的有效超越。德育工作不应该以约束和束缚学生的主体意志为目的。中职学校特色德育模式所培养的中职学生并不是传统的守成者，而是未来文明和先进文化的创造者，优秀传统文化继承者。因此，中职学校特色德育模式不仅要重视中职学生对传统道德规范的掌握，更重要的是注重中职学生道德思维能力的发展，使其学会对思想道德问题进行分析和思考，培养坚强的道德意志。

二、中职学校特色德育模式的主体

中职学校特色德育模式的主体既应该包括教育者也应该包括受教育者。教育者进行的是他育，而受教育者进行的则是自育。他育主体以及自育主体均是中职学校特色德育模式的主体。

（一）他育主体

所谓的他育主体简单理解就是“教”的主体。中职学校的所有教职人员都肩负着对中职学生进行思想道德教育的义务和责任。所以，中职学校特色德育模式的他育主体并不是单一的个体，而是由中职学校众多教育教学力量所构成的一个有机整体。

1. 党政组织及其领导人员

党政组织是中职学校特色德育模式的实施者、协调者以及组织者，也是中职学校特色德育模式实施过程中他育的领导力量。在中职学校特色德育模式实施过程中，一般由学校党委对学校的特色德育工作进行统一的领导，包括制订特色德育模式的总体规划，以及全面安排和部署本校的特色德育工作。其中，校长对学生德、智、体、美、劳全面发展负主要责任，其需要把特色德育模式与学校的教学、科研以及社会工作有效结合起来，全面部署、检查和评估学校特色德育模式工作实施情况。各级党组织以及行政管理部门必须发挥自身的能力，结合学校特色德育模式开展的实际情况，配合开展特色德育工作。

2. 日常德育工作专门机构与人员

中职学校的德育处（或学生处）、团委、体卫艺处、招生就业处是和学生联系与接触最为频繁的几个管理部门，负责学校的日常德育工作。这些部门也是实施中职学校特色德育模式的重要主体，主要负责学生的入学和就业，以及“奖贷助补减”、实践活动、社会活动、学习活动等。上述德育工作专门机构主要是通过咨询、校园文化建设、日常管理、制度建设以及组织活动等途径使学生树立正确的价值观、道德观以及择业观，提高中职学生的思想道德水平。除此之外，班主任队伍也是中职学校特色德育模式他育主体的主要组成部分，主要负责学生的日常学习和生活。班主任是中职学校特色德育模式的主要指导者、组织者和实施者，我国的中职学校从建立之初就非常注重班主任队伍的建设工作。中职学校在实施特色德育模式过程中必须充分发挥班主任的重要作用，让班主任成为中职学校特色德育模式实施的中坚力量。

3. 德育课教师与专业课教师

德育课是中职德育的重要组成部分，因此，德育课教师无疑也是中职学校特色德育模式他育主体的重要组成部分。中职德育课教师的主要任务是通过教学帮助学生树立正确的世界观、人生观以及价值观，提高中职学生运用马克思主义相关理论解决道德问题的能力。而中职学校其他学科的专业课教师除了要教学生专业知识和技能外，还有责任和义务协助学校、班主任及德育课教师提高中职学生思想道德水平。因此，中职学校所有学科的教师都负有德育职责。目前，部分中职教师错误地认为，只要做好本专业的教学工作就可以了，至于德育那应该是学校党团组织、班主任以及德育教师的职责，与自己无关。 这种观点无疑是站不住脚的，也是错误的。 各专业教师必须积极承担起教书育人的工作，在专业课教学中有意识渗透德育，发挥在中职学校特色德育工作中的重要作用。

4. 后勤管理与服务人员

除了上述他育主体外，后勤管理与服务人员也应成为中职学校特色德育模式他育主体的重要组成部分。 后勤管理与服务人员主要负责为中职学生提供各种生活服务，这关系着整个学校的和谐、稳定发展。 后勤管理与服务人员所提供的服务会对中职学生产生一种潜移默化的影响。 后勤管理与服务人员在后勤服务过程中必须要坚持一切为学生服务的基本理念，要真正从内心去关爱学生，这种服务的过程就是一种独具特色的德育过程。 因此，中职学校在特色德育模式实施的过程中应该充分发挥后勤管理与服务人员的作用，不断提高特色德育模式实施的有效性。

（二）自育主体

学生是中职学校特色德育模式中“学”的主体，也是自育主体，主要原因如下。

(1)中职学校之所以要形成特色德育模式，主要是为了提高中职学生的思想道德水平，使中职学生树立正确的世界观、人生观以及价值观。 这一目的必须通过中职学生自身的思想运动来实现。 中职德育者的主要任务是引导中职学生进行积极的思想活动，进而提升中职学生的自我德育能力。 中职学生自我德育能力的发展反过来会提升教育者的德育效果。 因此，中职德育者的“教”仅仅是外在的引子，要真正实现中职学生思想道德水平的提高，还需要通过中职学生自身转化。 假如中职学生可以自觉地进行自我道德教育，自觉地控制思想道德行为，那么中职学校特色德育模式实施的目的就达到了。 所以，中职学校特色德育模式的目的决定了学生自育主体的重要地位。

(2)一个系统的德育活动必须包括“教”与“学”两个方面。“教”的主体就是教育者，也是他育主体，其主体性主要体现在选择合适的特色德育内容，并将其分解，通过适当的教学方法，对中职学生进行思想道德教育。 在这个过程中，教育者需要了解中职学生的思想道德现状，使思想道德教育更有针对性。而“学”的主体是中职学生，也是自育主体。中职学生需要对教育者所传授的各种德育内容进行消化和吸收，并在此过程中产生各种情绪、行为以及语言反应，或是进行各种争论、反驳以及提问等。中职学生的这种反应会及时地反馈给教育者，作为教育者调整德育内容的依据，以实现更好的德育效果。

(3)在现代教育理念的影响下，中职学生的主体性地位得到了普遍提升。这种提升既是对中职学生主体地位的肯定，也是把中职学生定位为自育主体的时代依据。中职学生已经成为我国社会经济发展和建设的重要组成部分，如果我们忽略这一客观事实，仍然把中职学生作为中职学校特色德育模式的客体，就会失去历史的合理性，更不能获得人们在道德伦理上的支持。所以，我们应该把中职学生看作中职学校特色德育模式的主体。

三、中职学校特色德育模式的内容

（一）中职学校特色德育模式的内容特点

中职学校特色德育模式既要有传统德育模式的一般特点，又要有特色德育模式的个性特点，其内容特点具体表现为：导向性与前瞻性、科学性与价值性、广泛性与系统性、实践性与职业性。

1.导向性与前瞻性

中职学校特色德育模式的内容要有鲜明的导向性，要体现出人的发展以及社会发展目标的导向性。第一，中职学校特色德育模式的内容为我国社会、政治制度所决定，应该符合党和国家思想政治教育方针的总要求；第二，中职学校特色德育模式的内容要符合中等职业教育总体人才培养目标。中等职业教育是我国教育体系的重要组成部分，在发展的过程中要坚决拥护党的基本路线，培养适应现代生产、建设、管理、服务第一线需要的德智体美劳全面发展的中等技术型人才。

前瞻性主要是指中职学校特色德育模式应该把从实际出发和对未来的预见进行有机统一，根据中职学生的身心特点以及未来的发展态势，并结合科学的教育方式来提高中职学生的思想道德水平。所以，中职学校特色德育模式的内容必须具备前瞻性这一重要特点。

2.科学性与价值性

中职学校特色德育模式内容的科学性是指运用科学的理论以及先进的思想作为特色德育的主要教育内容，符合党的基本路线方针以及马克思主义的基本原理。此外，中职学校特色德育模式的内容还要符合生活实际，并按照科学的原则、方法教授给中职学生。

价值性主要是指中职学校特色德育模式的内容设计必须要具有一定的价值，即具有探究和讨论的价值，没有价值的内容对于中职学生的道德发展是无意义的，甚至有时会起到相反的作用。

3.广泛性与系统性

广泛性主要是指中职学校特色德育模式的内容不只要针对某一特定的方面，还应该包含世界观、人生观、道德观以及法纪观等多方面的内容。如果中职学校特色德育模式的内容失去广泛性这一重要特征，那么培养出来的中职学生也仅仅是一个单向度的人，而不是一个全面发展的人，德育工作也就等于失败了。

中职学校特色德育模式的内容具有系统性主要表现在两个方面：一方面，特色德育模式的内容不应该是零碎的，而应该是一个系统的整体，各项内容不是简单地叠加，而应该具有一定的逻辑性；另一方面，中职学校特色德育模式的内容构建并不是一朝一夕就可以完成的，它需要经过长期的研究设计，才能实现系统性的统一。

4.实践性与职业性

实践出真理，中职学校特色德育模式的内容还应该体现出实践性。中职学校培养的是实践型人才，所以特色德育模式也应该体现出实践性的特点。实践有助于中职学生更好地理解相关思想道德理念，并帮助中职学生更好地内化，从而外化为自身的行为。

中职教育实施的是职业教育，所以中职学校特色德育模式的内容也应该体现职业性这一重要特征。中职学校特色德育模式的内容一定要注重对中职学生职业行为、职业纪律、职业道德以及职业理想等方面的教育和培养，并且将职业道德教育放在重要位置，帮助中职学生成为一个德才兼备的社会主义接班人。

（二）中职学校特色德育模式的内容需适应社会环境

中职教育是在特定的社会环境中进行的，中职德育工作同样如此。而中职学生则是在特定的社会环境中从事实际活动的个体，每一位中职学生的思想都可以在不同程度上反映出特定的社会环境。所以，中职学校特色德育模式的内容必须同社会大环境相适应。

1.适应我国社会主义初级阶段的基本国情

我国通过改革开放四十多年的努力，社会和经济面貌已经发生了天翻地覆的变化，中国特色社会主义制度的优越性已经得到了充分体现。但是由于我国面积较大，区域发展并不平衡，贫富差距等情况仍然存在。中职学校特色德育模式的内容必须适应我国社会主义初级阶段的基本国情，既要符合中职学生的认知水平，又要与群众性的要求以及先进性的要求有效结合。

2.适应社会主义现代化建设的客观需要

中职学校特色德育模式的内容既要为中职教育服务，也要为我国社会主义现代化建设服务，适应我国社会主义现代化建设的客观需要。此外，中职学校特色德育模式的内容必须与中国特色社会主义制度相适应，与中华民族传统美德相适应，与我国社会主义市场经济相适应，把党的基本理论、基本路线、基本纲领作为中职学校特色德育模式的重要内容。

3.适应改革开放中出现的新情况和新问题

我国经过四十多年的改革开放，取得了许多重大成就。同时，人们的价值观念、生活态度、思维方式以及行为习惯等都发生了巨大的变化，中职德育也必将面临巨大挑战。中职学生的世界观、人生观以及价值观还未完全形成，很容易受到各种不良观念的影响，容易受个人中心主义、享乐主义以及拜金主义等影响产生不良思想倾向。所以，中职德育必须要加强对中职学生世界观、人生观以及价值观方面的教育，引导中职学生形成正确的价值取向，践行社会主义核心价值观，正确分析当前的社会问题，从而提高中职学生辨别是非的能力。

（三）中职学校特色德育模式内容的确立

1.根据中职学生的思想现状确定特色德育模式的内容

中职学生这一群体的思想通常十分活跃，他们的信息来源较广，容易受到新观念和新思潮的影响。与此同时，我国改革开放的逐步深入以及具有中国特色社会主义市场经济体制的建立，在一定程度上促进了中职学生新观念和新思想的形成。很多中职学生充满上进心，参与社会实践活动的积极性也非常高，充满理想和活力，并且拥有一定的集体荣誉感。不过，中职学生受到年龄、社会阅历等因素的影响，辨别是非能力较差，为人处世容易随波逐流。很多中职学生心理发展还不够成熟，独立性不强，承受挫折的能力不强，遇到困难时往往不能有效控制自己的情绪，容易受到外界因素的影响。针对上述问题，中职特色德育可以采取中职学生比较容易接受的集体主义教育，基于中职学生的思想实际帮助其建立正确的世界观、人生观以及价值观，进行积极的心理健康教育，从而帮助中职学生培养较高水平的思想道德素质。

2.根据中职学生的接受能力和意愿确定特色德育模式的内容

中职学生的世界观、人生观以及价值观均处于形成和发展阶段，他们虽然有较强的接受能力，但是与大学生相比仍然存在一定的差距，不仅如此，中职学生群体的内部也存在一定的差异。大部分中职学生在小学和初中阶段并没有养成良好的行为和学习习惯，在进入中职学校前对德育的相关理论掌握得并不透彻，甚至在思想政治课上我们可以发现很多中职学生根本不知道科学社会主义的基本原理、政治经济学以及马克思主义哲学。因此，思想政治教师在对中职学生进行教育的过程中还需要重复教授基本的理论内容。

和中职学生的接受能力相比，中职学校在实施特色德育模式的过程中应该更加注重中职学生的接受意愿。进入中职学校的学生多是学困生，或是一些行为习惯存在一定问题的学生。由于学习成绩较差又喜欢在课堂上“捣乱”，他们很少受到老师的表扬，容易形成逆反心理。特别是他们看来“假、大、空”的德育，在内心深处会产生一定的抗拒心理，很难从心底接受。所以，中职学校实施特色德育模式，不仅要考虑教育的途径以及方式，还要对具体的教育内容进行优化选择。

3.根据中职学生的现实需求确定特色德育模式的内容

毋庸置疑，中职学生在学校学习和生活期间会遇到很多令其困惑的思想问题。中职教育者及时发现这些问题，并有针对性地完善相关的德育内容，是中职学校特色德育模式实施的关键，也是中职学校特色德育模式内容可以真正得到落实的具体要求。如很多中职学生都存在不自信的问题，造成这种问题的原因是多方面的，我国一直都存在“重理论，轻实践”“重劳心，轻劳力”等陈旧的思想观念，一定程度上影响着人们的人才观。而在现实生活中也普遍存在着“重科学，轻技术”“重设计，轻工艺”等认识上的偏差，导致中职学生在社会上不能得到很好的认可。尤其是近十几年来，高校扩招，规模不断扩大，中职学生的社会地位就更显得微不足道了。很多人都对中职学生以及中职教育存在偏见甚至歧视。因此，中职德育工作者必须充分关注到这一点，在特色德育模式的内容设计时增加中职教育现状和前景以及发达国家中职教育发展情况等方面的介绍，还可以邀请优秀毕业生来与中职学生进行交流，让中职学生正视自己，进行准确的定位，逐步树立自信，最终提高思想道德水平。

四、中职学校特色德育模式的实施过程

（一）特色的选择与目标的确立阶段

中职学校想要真正实现特色德育模式的创新发展，首先要确立自身的德育特色。就目前实际情况而言，理念创新以及目标设计无疑已经成为大部分中职学校实现德育模式创新的重要步骤。

1.理念创新

德育理念是在德育发展过程中一系列德育价值追求、德育思想以及德育观念的综合体。与此同时，它也是中职学校自主构建的德育哲学，更是中职学校对“搞什么样的德育”和“怎样搞好德育”的理论思考。

理念创新是中职学校构建特色德育模式的第一步，也是重要的一步。任何中职学校要想构建具有自身特色的德育模式首先要做好理念上的创新。如果缺乏理念创新，那么该中职学校特色德育模式就是不成功的。理念是行动的先导，理念是实践的内在驱动力，也是思想的指南。一个正确的、科学的、可行的

德育理念不仅可以有效促进中职学校德育理论的完善与创新发展，还能对中职学校特色德育模式的构建起到统领性的重要作用，指导中职学校的特色德育模式朝着正确的方向前进。现在，中职学校的德育理念愈发呈现出这样一种状态：乏创新、低质量、趋同化。因此，中职学校进行德育理念的创新刻不容缓。

那么，究竟如何进行理念的创新呢？德育理念创新策略有以下几点：第一，与企业合作策略。可以充分发挥企业文化的德育作用，让中职学生通过对企业文化中德育因素的理解，塑造优秀的人格。第二，与时代潮流的协同策略。例如，中职学校可以根据当前社会对诚信文化以及仁爱精神的倡导，提出“以诚感人、以爱育人”的“诚·爱”德育理念。第三，观念更新策略。观念更新主要是指中职学校必须树立新思维，建立新观念，要在德育理念中充分体现出创新性、职业性、和谐性以及人文性。例如，广东佛山顺德陈村职业技术学校所倡导和提出的“城市化意识教育”的德育理念，就是一种较新的德育理念，这种德育理念是顺应时代发展的产物。第四，理论指导策略。任何德育理念的提出都需要建立在某种理论的指导下，唯有如此才能让特色德育模式变得更加科学。例如，中职学校可以根据情境教育理论提出情境德育模式，让情境教育贯穿整个德育模式的始终，让中职学生在情境中掌握相关的德育理念。各种策略可以单独使用，也可以综合使用，具体实施时需要根据中职学校的实际情况进行必要的整合与取舍。

2.目标设计

中职学校特色德育目标的设计是构建特色德育模式的一个重要内容，也是中职学校进行德育理念创新的具体体现。一个科学可行、符合实际的德育目标对于中职学校特色德育模式方案的制订与运行是非常有帮助的，可以为中职学校构建特色德育模式提供检验标准和改进思路。笔者认为，中职学校特色德育目标的设计必须建立在下列基础之上：（1）设计出来的德育目标具有可行性、具体性、系统性以及科学性；（2）整合中职学校相关德育资源；（3）基于相关的德育规律及德育新理念等。

中职学校重塑特色德育目标必须经过以下三个阶段：自我评估、合理定位以及形成共识。首先，中职学校必须认真、科学、客观地分析学校自身的德育优势，这也是中职学校构建特色德育模式的重要前提。通过这一分析，中职学校才能合理选择，打造具有本校特色的德育优势项目。其次，中职学校需要根据可支配的各类德育资源，对德育目标进行合理定位，选择和打造具有自身特色的德育模式，这是中职学校构建特色德育模式的重要基础。选择特色德育项目，确定具有自身特色的德育主题，找准特色德育模式构建的切入点以及生长点是中职学校对德育目标进行定位的重要过程，这样中职学校特色德育模式的建设才可能真正拥有明确的目标以及清晰的发展方向。最后，根据目标及发展方向，中职学校要动员全校力量积极建设特色德育模式，使之成为全校师生的共识。例如，国内某中职学校就采用了三级德育目标确立法。之前该校学生普遍存在信心缺失、学业缺失以及人格缺失等情况，毕业生的就业状况不容乐观。为了改变这种现状，学校决定首先从构建特色德育模式入手，在特色德育模式构建的前期开展了广泛的学习、讨论、思考、借鉴、论证等，在此基础上确立利用校园文化对学生进行熏陶教育，让学生在校园文化的熏陶下培养崇德的精神追求。此外，学校还通过采取一系列手段来培养学生健康的生活方式，对学生进行立德教育和厚德教育。三级德育目标确立之后，该中职学校动员全校的力量践行，使这个三级德育目标成为所有师生的共同价值追求。

（二）组织与实施阶段

中职学校特色德育模式的目标与理念更新后，接下来要考虑的就是如何具体实施的问题。在具体的组织与实施阶段必须要把握好以下几点。

1. 管理制度创新

一个科学的管理体制是中职学校特色德育模式实施的重要保障。它可以在一定程度上促进中职学校特色德育目标以及特色德育理念的真正落实，保证中职学校的特色德育模式得以实施。在具体的管理制度构建中需要考虑到以下三个方面。

(1)管理制度创新。

中职学校为保证特色德育模式的有效运行，应着力制订和推行人性化、科学化以及民主化的管理制度，使每一位教职员工都树立起积极为学生服务的精神以及主人翁意识，让他们能够成为本校特色德育模式构建的控制者与主导者，做到群策群力，促进学校特色德育模式的有效运行和发展。例如，针对中职学生对自身的行为要求不严格以及心理健康问题日益突出等问题，中职学校可以从管理制度的构建入手，打造“三位一体”的学生管理模式，建立竞争激励制度、工作绩效考核制度、班主任业务提升制度以及中职学生日常行为“准军事化”管理等相关的管理制度，从而帮助中职学生改变上述现状，提高他们的思想道德水平。

(2)常规管理细化。

常规管理主要指的是学校常规管理以及教学常规管理。建立一个明确的、系统的、可行的、易于操作的常规管理办法，可以促进中职学校特色德育模式的有效实施。例如，中职学校可以以学校常规管理为主要着力点，加强对文明常规、校园绿化管理常规、班级卫生常规以及实训实习常规管理办法的制订和实施，这样细化的常规管理办法可以帮助中职学生养成良好的行为习惯，促进中职学生思想道德水平的提升。

(3)校本自主管理。

除了上述两点之外，笔者认为中职学校还需要加强学生以及教师的自主管理，通过师生的自主管理让中职学校特色德育模式的构建成为教师、学生自主发起、自主负责的一项长远事业。例如，中职学校可以让学生进行自我管理，让其学会管理自己在学习和生活上的部分事宜，进而让中职学生对自身的言行进行管理，提高自身的思想道德水平。

2.运行机制构建

建立一个灵活的、高效的运行机制是保证中职学校特色德育模式实施的重要支撑，也是中职学校特色德育目标能够真正实现的重要保证。

我们可以将中职学校特色德育模式的运行机制细分为如下几点：一是目标管理机制，主要是指在一定的时间范围内中职学校对特色德育模式的构建任务以及目的进行有效的量化。要做到对构建任务进行层层分解，发挥整个学校的力量来完成德育目标。二是动力激励机制，中职学校可以根据教职工的工作情况采用发放奖金、补贴等物质激励方式，还可以考虑实施精神激励，从而使教职工更加积极地参与到特色德育模式的实施过程中去。三是约束调控机制，主要是指中职学校利用有效的调控办法以及评价手段，促进特色德育模式的良性发展。中职学校可以通过制订系统的评价方案以及建立调控体系来实现。

3.德育队伍建设

中职学校特色德育模式的构建需要一支高素质的德育队伍来支撑。一支高素质的德育队伍可以让中职学校特色德育模式最大限度地发挥作用，从而实现特色德育目标，帮助中职学生提升思想道德水平。中职学校特色德育模式的组织与实施阶段，必须要加强德育队伍的建设，可以从如下几个方面着手：首先，对中职学校的所有德育教师进行培训。每一位德育教师都是中职学校特色德育模式的实施者，少了德育教师的参与是很难有效实施特色德育模式的。因此，中职学校必须定期组织德育教师参加相关培训，提升全体德育教师的思想素质、专业素质等。其次，对于那些德育能力和水平较弱的教师，可以通过帮扶的培养来提高这部分教师业务水平，从而有效提升整个教师队伍的综合素质。最后，中职学校还可以考虑采用以个别带动整体的策略。即中职学校首先培养出一批综合素质较高的特色德育教师，然后再让这部分德育教师在全校范围内发挥带动和示范作用，为其他教师做出榜样，同样可以在一定程度上提高德育队伍的整体水平。

4.德育途径实施

不同中职学校在办学定位上存在一定的差异，中职学生的个体差异也较大，各学校的德育队伍建设水平也是参差不齐……现实情况决定了中职学校实现特色德育模式必须走多元化的道路。中职学校特色德育模式的实施途径可以分为如下两大类：一是校内途径，可以通过文明风采竞赛、主题德育活动、校园文化节、校内文艺会演、校内实践活动以及课堂德育教学等途径实现；二是校外途径，可以通过社区德育活动、企业实习实训以及校外实践活动等途径来实现。

（三）完善与提升阶段

经过了组织与实施阶段，中职学校特色德育模式正式运行，但还需要对之前的建设成果加以巩固、完善和提升，促进中职学校特色德育模式可持续发展。具体可以从以下三个方面做起。

1.课程创新

课程是中职学校实现特色德育模式的重要载体，而课程创新主要通过更新课程观念、创新课程体系、创建课程资源以及完善课程实施方式等诸多方法来实现。第一，中职学校必须树立大课程的理念，做到处处有课程、时时有课程，在中职学生的日常生活中渗透德育。第二，中职学校必须建立一个具有自身特色的德育课程体系。要做到这一点，中职学校必须大力进行校本教材的开发，从而保证有一个科学、完整的课程体系来支撑特色德育模式的有效实施。例如，中职学校可以鼓励教师自主开发德育课程，在德育课程的实施过程中要尽量做到实施方式的多样化、内容的生活化、管理的制度化以及效果的有效化等。校本课程的开发可以在一定程度上激发教师参与特色德育的积极性，增强特色德育模式的实施效果。

2.科研强化

科研强化主要是针对中职学校特色德育模式的构建而言的，中职学校应该鼓励教师积极参与特色德育模式构建的科研活动。具体可以从以下两个方面着手：首先，学校鼓励教师积极申报与本校特色德育模式相关的课题，并且认真完成课题。对相关课题的研究可以进一步深化教师对于本校特色德育模式的认识，促进本校特色德育模式的可持续发展。其次，中职学校还应鼓励教师积极在各大期刊或报纸上发表关于研究本校特色德育模式的论文。这不仅有助于提高教师的科研水平，对本校特色德育模式的发展也具有一定的促进作用。

3.评价多元

一个科学的评价体系对于中职学校特色德育模式的改进和完善具有一定的促进作用。中职学校必须立足学校的发展实际，以先进的评价理论作为学校特色德育模式的评价基础。评价体系中评价主体也应该多元化，应该把与中职学校特色德育模式相关的一切主体，如上级主管部门、学校内部各相关主体、企业、社区、家庭等一概纳入，听取各方建议，并将其吸收到特色德育模式的改进方案之中，以促进中职学校特色德育模式的可持续发展。此外，中职学校应该细化评价内容和评价指标，对于特色德育模式实施过程中所涉及的主要因素都应该实施评价，包括学生人格品质评价、学科德育评价、校本专业德育课程评价、企业化校园文化评价和实训实习素养评价等，从而保证中职学校可以全员参与特色德育模式的构建。

中职学校特色德育模式的特点与功能

当前，在中职学校德育改革进一步深化的过程中，德育创新缺乏活力，德育工作推进困难，中职学生道德素养发展不理想等问题日益突显。德育的实效性、时代性、针对性较弱等问题亟待解决。在此背景下，构建特色德育模式已成为中职学校实现内涵式发展与创新式跨越的必然选择。

第一节　中职学校特色德育模式的特点

所谓“中职学校特色德育”就是在中职学校德育工作中，要加强对中职学生职业道德、职业理想、职业意识、职业行为等的教育，培养中职学生高尚的职业道德情操、过硬的职业技能本领和良好的职业行为习惯，使其符合社会对职业人才的要求以及企业对合格员工的要求，不断提高中职学生的职业素养，增强中职学生的就业能力。由前可知，实现这一德育目标的组织程式，就是中职学校特色德育模式。因此，中职学校特色德育模式要突出职业特色，即要紧密围绕敬业精神、职业理想、职业沟通、职业道德和职业纪律等职业要素来开展德育工作。这些要素的培养不仅是中职学校德育模式的核心，也是中职学校实施特色德育模式的重要内容。

一、中职学校特色德育模式目标的特点

中职学校特色德育模式目标的特点是将专业岗位对从业者的基本要求作为构

建中职学校德育模式的基本指标并加以贯彻落实。重庆市北碚职业教育中心（以下简称“北碚职教中心”）秉承“以就业为导向，以服务为宗旨，以能力为本位”的办学理念，把培养学生的专业水平和职业素养作为德育工作的培养目标。学校首先从规范新生的仪容仪表和礼貌礼节开始，以“我的专业”为主题对学生进行职业教育，让学生明白所学专业的特色、职业前景以及在校三年的学习生活规划，让学生在进校之初就明确在三年的职业教育中应该达到怎样的专业水平和职业素养。

二、中职学校特色德育模式内容的特点

中职学校特色德育模式内容的特点是将与专业岗位相关的道德素养作为学校德育工作的基本内容，并分专业进行教育。不同的专业有不同的德育要求，因此，德育内容应充分考虑各专业的具体情况和特点，如对于旅游专业的学生，学校主要以培养服务意识为主，使学生学会与人沟通交流和待人接物；对于财经专业的学生，学校应着重对学生耐心细致的性格和诚实守信的品质进行培养，教育他们不做假账，不违规违法，以保证国家和集体利益不受到损害；对于幼教专业的学生，学校主要培养其爱心和高度的责任感和使命感，严格规范其言谈举止，使其在以后的教育职业生涯中起到榜样作用。

三、中职学校特色德育模式方法的特点

中职学校特色德育模式方法的特点，即采用职业实践的方式对学生进行道德教育，如进行职业宣誓，使学生形成对职业的敬畏感和高度的使命感；在学习中针对职业要求以及学生的实际情况开展形式多样的道德教育，以优秀职业人物为榜样让学生切身感受职业道德的意义和重要性。例如，学校邀请在企业中表现优异、业绩突出的校友给学生做讲座和报告，让学生从优秀校友的事迹中了解企业对员工的要求，明确一名优秀员工应具备的专业素养，明确专业学习目标和内容，从而不断强化学生的职业道德意识。

四、中职学校特色德育模式评价的特点

中职学校特色德育模式评价的特点体现在以职业道德为核心的评价体系的建立和贴近职业实践的评价方法的运用上。中职学校力求多方位、多角度去评价学生。除学习成绩外，职业价值取向、职业行为规范、劳动纪律观念、卫生习惯、服务意识以及在实习期间的工作表现都应纳入学生德育评价的内容之中。而且，除了学校老师，学生本人、实习单位的管理人员都可以作为学生德育评价的主体，以增强德育评价的职业内涵，不断提高学生的专业水平和职业素养，促进学生全面发展。

当然，中职学校特色德育模式的评价体系还要融入时代特征，符合时代需求，与当今社会主义核心价值观相一致，具有时代性。尽管我们强调中职学校德育的特色，但并非要脱离学校德育工作的大环境，而是将其建立在爱国主义教育、集体主义教育、遵纪守法教育、社会公德教育等基础上，因此，中职学校德育工作又具有渗透性和广泛性的特点。本节所进行的中职学校特色德育模式的职业特色研究，主要是从“以就业为导向”的角度，突出中职学校德育工作的独特性，旨在增强中职学生的就业能力，切实推进中职学校德育工作的有效建设。

第二节　中职学校特色德育模式的功能

功能是就事物的作用与价值而言的。学校特色德育的功能是指学校特色德育在形成与发展过程中产生的本体或附加价值。李季、林冬桂（2010）等人归纳了学校特色德育的三大主体功能，即增强德育本体功能，促使德育价值增值；扩展德育自我发展功能，扩大德育作用，创新德育理念；提升学校教育教学品质，促进学校内涵发展。中职学校特色德育作为学校特色德育的特殊范畴，其功能理应符合上述三大主体功能。而中职学校特色德育模式的功能实质就是指中职学校特色德育的功能，因此下文直接论述中职学校特色德育的功能。

一、增强德育本体功能

学校德育特色品牌营造具有增强德育本体的功能，促使德育价值增值的意义。

德育的本体功能，指德育在学校教育中的地位、作用和其树德育人功能。“德育首位”“德育为先”是人们对学校德育地位的认识。然而，因受传统教育理念的影响，学校德育一直处于“说起来重要，做起来次要，忙起来不要”的“无位”局面，“德育首位”“德育为先”成了空话。德育“无位”（首位不到位），导致了德育“无力”（软弱无力）、“无效”（缺乏效果）、“无用”（毫无作用）、“无为”（无所作为）和“无奈”（无可奈何）的状态。长期以来，中等中职学校德育都在这“六无”怪圈中打转。德育缺位，必然导致德育本体功能的整体弱化进而出现德育低效、知行脱节、“5＋2≤0”等现象，德育低效成为困扰学校德育的老大难问题。学校德育特色品牌营造过程，实质是学校德育的树德育人的效益、效能、效果不断提升的过程，这一过程有力和有效地强化了德育的本体功能，使德育产生价值增值效应，促进和保障了德育核心地位的落实到位。

二、扩展德育自我发展功能

学校德育特色品牌营造具有拓展德育自我发展空间 、扩大德育作用、创新德育理念的功能。

现代德育除了树德育人的本体功能外，还有与其他各育协调发展、互动促进的功能；现代德育除了有传统的思想品德教育内容之外，其内涵外延、方式方法、载体途径都在不断丰富和发展。生命安全、心理健康、法制法纪、公民意识、社区文明、生态环境、网络行为、国际理解、全球意识成为现代德育的重要内容，体验德育、叙事德育、对话德育、精细德育、心灵德育、网络德育等社会大德育观念、思路和格局逐步形成。德育是学校教育的有机组成部分，是素质教育、全面发展教育的根本和核心内容。然而，很多时候我们只关注德育的本体功能，而忽视它在学校教育整体发展中的“个体”协同功能，忽视它在素质教育和全面发展教育中的核心地位、指导功能和整合作用，因而导致德育功能狭窄化、德育与教学质量分离的“两张皮现象”，以及“德育在不断加强声中不断削弱”现象的出现。中职学校营造德育特色品牌，拓展德育自我发展功能，是破解德育与教学质量分离的“两张皮现象”的根本出路。

三、提升学校教育教学品质

学校德育特色品牌创建具有提升学校教育教学品质，促进学校内涵发展的意义。

20 世纪末我国“普九”大业完成后，全民教育迈向一个新的历史时代——学校优质化发展与均衡化教育时代，即从“人人受教育”到“人人受良好的教育”，从普及教育走向“人人享受优质、公平教育”。“等级学校”“示范学校”“学校教学水平评估”等制度的实施，是促进学校优质、均衡教育和学校改进的最主要的政府督导性教育行为。通过“挖角”（引进人才）和“挖潜”（加大工作量和作业量）来提高学校教学质量，是学校促进自身发展的主要策略和措施。然而，这种得益于等级学校评估杠杆和过度教学资源“挖潜”这两大举措的优质学校，在同类型学校越来越多、彼此竞争越来越激烈的情况下，其质量优势会日渐减弱，步入发展的“质量高原期”。因此，如何超越学校发展的“质量高原期”，成了学校教育优质化、均衡化发展的新问题。近年来，通过营造德育特色品牌，“迂回”促进学校改进的探索引人注目，成为引领学校突破“质量高原期”围栏的一项尝试，成为学校发展的“第二曲线”和新生长点，成为越来越多的学校寻求优质持续发展的一种新的思维方式、办学策略和学校改进的有效实践模式。

第三节　中职学校特色德育模式作用的发挥

一、充分发挥课堂教学和实训实习在中职德育工作中的主导作用

（一）发挥德育课主渠道作用

中职学校德育课是中职学生接受思想道德教育的主渠道，是各专业学生必修的公共基础课，体现了社会主义教育的方向和本质要求。德育课教学要充分反映马克思主义中国化最新成果，把中国特色社会主义理论体系的基本内容、社会主义核心价值体系的基本要求融入各门课程；本着“贴近实际、贴近生活、贴近未成年人”的原则，紧密联系社会实际和中职学生生活，尊重中职学生身心发展规律，注重知识学习和观念形成的同时，也注重情感培养和行为养成；充分突出职业教育的特色，课程设置、教学安排要和职业教育培养模式、教学特点相适应，发挥学生主体作用，突出教学的实践性，注重现代教育手段在教学中的运用。

（二）发挥其他课程教学的思想道德教育功能

文化课、体育课、健康课与艺术课等其他公共基础课程教学和专业理论课程教学是进行思想道德教育的基本途径。各学科教师要根据不同课程教学的特点，结合教学内容对中职学生进行爱国主义、社会主义、中国近现代史、基本国情的教育；进行科学方法、科学精神和科学态度的教育；进行团结协作和坚韧不拔精神的教育；进行审美观念和审美情趣的教育；进行敬业、乐业和创业精神的教育。各学科教师要认真落实本学科的思想道德教育任务要求，结合各学科特点，寓思想道德教育于各学科教学内容和教学过程之中。各学科的教材、教学大纲和教学评估标准，要坚持正确的思想导向。

（三）发挥实训实习的思想道德教育作用

实训实习是中职学校教学的重要内容和环节，也是对中职学生实施思想道德教育的重要途径。学校要结合实训实习的特点和内容，抓住中职学生进行社会实

践、生产实践、岗位实践时和一线劳动者密切接触的时机，进行以敬业爱岗、诚实守信为重点的职业道德教育，进行职业纪律和安全生产教育，培养中职学生爱劳动、爱劳动人民的情感，增强中职学生讲安全、守纪律、重质量、求效率的意识。要切实加强实训实习管理，尤其是在离校顶岗实习阶段，学校必须安排专门人员与实习单位共同做好对中职学生的思想道德教育和管理工作，绝不能放任自流。

二、管理和学生自我管理在中职德育中的重要作用

（一）加强学校制度建设，发挥管理育人的作用

中职学校按照有关法律法规，建立健全学校班集体、课堂教学、实训实习、社团活动、校园安全、后勤服务等管理制度并严格执行。学校各项工作都要体现思想道德教育要求，明确全体教职员工的育人责任，努力做到教书育人、管理育人、服务育人。尤其是建立健全学校安全制度和安全应急机制，制订突发公共安全事件应急预案，完善校园安全联防制度和督促检查制度；严格执行学校突发公共安全事件报告制度，做好预防和处置工作。

（二）加强中职学生日常行为管理，充分发挥班主任在思想道德教育中的作用

严格学校各项纪律，支持教师和管理人员依法依纪履行教育管理职责，强化中职学生纪律意识和规则意识。加强班集体建设，充分发挥班主任在班级日常管理和中职学生思想道德教育中的组织、指导和引导作用。制订中等职业学校学生守则和日常行为规范。对有不良行为的学生要重点实施帮助教育，有效预防校园暴力和学生犯罪事件的发生。

（三）加强共青团、学生会和学生社团的道德教育和服务作用

中职学校共青团组织要把加强中职学生思想道德教育工作摆在突出位置，切实履行好团结青少年、组织青少年、引导青少年、服务青少年和维护青少年合法权益的职能，认真做好优秀青少年入团工作，加强学生团校建设，配合党组织办好学生业余党校，做好推荐优秀团员入党工作。学生会和学生社团要在共青团指导下，针对学生特长、专业特点、兴趣爱好开展生动有效的思想道德教育活

动。学校要加强对学生会和学生社团的领导和管理，支持和引导学生会和学生社团自主开展活动。

（四）加强校园网络管理，充分发挥校园网络的育人作用

中职学校要加强对校园网站的管理，规范上网内容，充分发挥其思想道德教育的功能。要教育学生自觉遵守网络法规，文明上网、依法上网。要遵循网络特点和网上信息传播规律，加强网络正面宣传，为广大中职学生创造良好的网络文化氛围。要密切关注网上动态，了解学生思想状况，加强与学生的沟通与交流。杜绝各种违法有害信息在校园网上传播。要重点加强对校园网电子公告栏、留言板、贴吧、聊天室等交互栏目的管理和监控。对上网成瘾的学生要及时发现，积极教育。

三、加强中职工作队伍建设在中职德育工作中的保障作用

（一）中职学校党政干部、共青团干部、班主任和德育课教师是中职学生思想道德教育工作的骨干力量

学校党政干部和共青团干部负责中职学生思想道德教育的组织、协调和实施；班主任负有在思想、学习和生活等方面指导学生的职责；德育课教师根据课程内容和特点，负有对学生进行思想政治教育、道德法治教育、职业生涯和职业理想教育以及心理健康教育的责任。学校全体教职工都负有对学生进行思想道德教育的重要责任。

（二）加强班主任队伍建设

中职学校要选聘思想素质好、业务水平高、奉献精神强、身心健康的教师担任班主任，同时每个班级至少配备一名班主任来加强对学生的思想道德教育。班主任工作要计入教师基本工作量，学校绩效工资分配要适当向班主任倾斜，使他们有时间、有精力、有热情做好班主任工作。学校要将班主任工作成绩作为教师聘任、职务晋升的重要依据，教师高级岗位聘用应向优秀班主任倾斜。加强班主任培训，努力提高他们的思想水平和业务能力，建设一支高水平的班主任队伍以最终促进中职学生思想道德素质的提高。

（三）加强学校共青团组织和团干部队伍建设

各级团组织要与有关部门和学校密切配合，切实加强对中等职业学校共青团工作的领导。要充分发挥共青团组织和团干部在加强中职学生思想道德教育方面不可替代的作用，把团建工作纳入党建工作的总体格局，建立健全“党建带团建”工作机制，加强对共青团工作的领导。建立健全学校共青团组织，努力实现“校校有团委，班班有团支部”的目标。要配备专职团干部，加强对团干部的选拔、培养和选用，按照有关规定落实团干部待遇。

（四）加强德育课教师队伍建设

中职学校德育课教师是学校专职从事德育课教学的人员，是中职学生思想道德教育的专门力量。德育课教师除应具备国家法定的教师资格外，还应具备较高的马克思主义理论修养、较丰富的社会科学知识和从事思想道德教育工作的专业能力。学校要按照德育课教学任务要求配齐、配足德育课教师并切实加强德育课教师专业队伍建设。

四、营造中职学生思想道德教育工作的良好社会环境对中职德育起着关键作用

（一）发挥家庭教育在中职学生思想道德教育中的作用

家庭教育在中职学生思想道德教育中具有重要的作用。学校要切实担负起指导和推进家庭教育的责任。校方要与社区密切合作，办好家长学校，开展公民道德建设和“争做合格家长，培养合格人才”家庭教育宣传实践活动，普及家庭教育知识，帮助和引导家长树立正确的家庭教育观念，掌握科学的家庭教育方法，提高科学教育子女的能力，引导家长以良好的思想道德修养为子女做表率。学校要通过家长委员会、家长学校、家长接待日、家访等组织形式同学生家长建立经常联系，引导家长参与中职学生的思想道德教育，促进学校教育与家庭教育的紧密结合。校方要特别关心单亲家庭、困难家庭、流动人口家庭等的学生的教育，为他们提供指导和帮助。

（二）净化社会文化环境，呵护中职学生健康成长

校方应加强校园周边环境治理，如禁止在学校周围开办网吧、电子游艺室、歌舞厅等娱乐场所，禁止在学校周围 200 米以内设立彩票投注站点。校方在宣传、新闻报道、文艺活动、出版图书等方面要坚持弘扬主旋律，为中职学生思想道德教育营造良好的社会舆论氛围，为中职学生提供丰富的精神食粮。经常组织学生到各类博物馆、纪念馆、展览馆、烈士陵园等爱国主义教育基地进行参观和学习。

中职学校特色德育模式的建构原理

苏霍姆林斯基说："道德自由乃是人类的最大财富。"让学生成为一个道德上自由、精神上坚强、有坚定目标、勇敢、独立的人，是中职学校德育工作的宗旨，也是德育工作者要实现的理想。

道德教育的境界：需要从学生的情感出发走进并感受学生的心灵。道德教育需立足于现实生活即立足于学生生活实际。学生在成长过程中的基本任务不仅是认识自然世界，还包括理解和体验社会的道德准则、艺术、哲学，同时还应通过与人、与自然、与社会的交往完成人格的自我建构。

第一节　中职学校特色德育模式建构的理论基础

一、概念的界定

（一）模式

界定德育模式，首先应界定模式的概念。所谓模式，根据《辞海》定义，"模"即为制造器物的模型，"式"即为样式，因此模式一般情况下指的是可以作为范本、模本的样式。我国查有梁先生在《教育建模》中从模式论的高度这样定义模式：模式是一种重要的科学操作与科学思维的方法，是为解决特定的问题，在一定的抽象、简化、假设条件下，作为一种中介，从实践出发，经概括、提炼、综合而成的原型客体的某种本质特征。

（二）德育模式

德育模式是一个由德育理念、目标、条件、方法、操作程序、评价等要素共同构成的有机系统，它是研究者在结合理论与实践的基础上，将德育理论运用于德育实践的操作策略和运作图式，是组织和实施德育活动的总的摹本和样式。

学校德育模式是在学校特殊环境下，引导学生掌握一定的思想行为规范，形成是非、善恶、美丑等道德观念，并能自觉用以指导其行动，向着完美的理论人格发展的教育模式。学校德育模式是有关德育理论的具体化，以简明扼要的形式和易于操作的程序来反映德育理论的基本特征，增强德育实效性。这种模式在立足于学校教育现实的同时，注重对德育对象的品德与人格的具体塑造。

捷克教育家夸美纽斯说过：快乐本身就是一种甜蜜的喜悦，这种喜悦是一个沉浸于德行的人由于做好了公德所要求的一切事情，喜见自己的诚笃的时候所发生的。这是道德感受的写照，快乐的体验过程是道德生活的实现过程。事实上，我们总是以成人的思维去臆测学生的感受，习惯性地以老师自居，以教为中心，忽略了从学生的需要出发去设置教学情感目标，从学生的情感需要出发去感悟学生的心灵。真正的道德生活除了是一种动机，还是一种状态，更是一种美好的愿望，它以体验为原则，以自愿为前提，以自发为基础。

因此，为了一个更有意义的目标应该让德育在无声的教育中成为学生追求的出发点，让德育生活真正贴近学生的生活，激发学生对道德生活的学习兴趣，吸引学生的学习兴趣，使其内化为自己的道德动机，让学生对道德生活的学习产生强烈的需求，以此让学校德育教育走进真善美的境界。

二、当代国内外主流德育模式构建的研究

关于德育模式理论的研究始于近代，美国学者哈什和米勒在《道德教育模式》一书中指出：德育模式是构成德育课堂、德育场景，指导在课堂和其他环境中德育活动的一种范式或是计划。在国内，普遍的观点认为，德育模式是在一定的德育理论指导下，为实现特定的德育目标，用来设计德育目标，实施德育活动的基本德育范型。由此可见，德育模式基于德育理论，并且在实践中运用德

育理论指导德育活动，因此德育理论的重要性不可低估。

（一）国内生本教育是德育模式的理论基础

道德教育思想的先进与否，不能以时间、地域来衡量，古代的许多道德教育思想至今还闪烁着智慧的光芒。与卢梭人本主义教育思想相区别的生本教育思想以学生发展为教育的出发点和最终归宿，主张以学生为本，塑造学生高尚的人格。换言之，生本教育的核心观点是不仅要关注学生的外部地位，还要关注学生内部的自然天性和潜能的发挥。这正是道德教育对社会的根本贡献所在，同时也是构建创新型德育模式的基本理论依据。生本教育的理念之一，就是把学生作为教育的主体，作为道德教育过程的终端。李红在《建构生活化的课堂——小学品德教学创新研究与实践》一书中指出：生本教育不仅主张教育学生要永远对社会有益，去寻找个人的深层次的幸福和快乐，去养成崇高的人格，还主张除了反映学生的利益、学生在学校和社会中的独立的自主的存在之外，更重要的是依靠学生来进行教育，把教育的全部价值归结到学生的身上。王文静在《人民教育》评论中也强调：抓住教育的本体，教育是发生在学生身上，是为学生服务的。如同斯坦纳所说，为人的智力发展提供教育，教育是一种中介，通过教育，人的智力越发展，知识越丰富，人的本体就越突出。

尽管道德教育者们有教育者的意识，但在实际教育活动中却没有把教育落实到学生的身上，这揭示了当前教育工作中师本教育的现象。一切为了学生的长远发展，实现对基础教育问题的根本把握，这是生本教育理论产生的根源，也是构建新的德育模式需关注的问题。

生本教育的本质与基本原则是尊重学生，从学生独立的人格、独特的内部自然规律、独立的精神生命等方面以及学生所处的外部地位来全面了解学生。学生是天生的学习者，学习是学生自身的需要，是与生俱来发展的天性。人类之所以能够在众多生物中脱颖而出，成为具有智慧且不断扩展自己智慧与实践领域的独特生灵，就是因为拥有较强的学习能力。如克莱恩说：孩子们所拥有的潜力比目前的教育体制所能启发他们的多得多，你必须从旁协助他们。这就是说老师要创设学习的情境，鼓励学生，尊重学生真实地表达自己，从而使学生的潜能、学习的能力得到最大的发挥。

（二）德育模式评价理论基础

德育模式评价的改革对学校实施道德教育有着不可估量的作用。在我国道德教育历史长河中，人们已经积累了丰富的评价经验，形成了很多有价值的评价思想。在梳理前人既有研究文献时，我们发现当前德育模式评价的方法有相当一部分是借鉴了我国古代优秀的评价方法。关于德育模式评价的一系列方式、方法，主要归纳为以下几个方面。

1.非灌输性德育模式评价

注重个体内在的修养是我国道德教育的一大鲜明特色。《大学》中曾这样提到："古之欲明明德于天下者，先治其国；欲治其国者，先齐其家；欲齐其家者，先修其身；欲修其身者，先正其心；欲正其心者，先诚其意；欲诚其意者，先致其知，致知在格物。物格而后知至，知至而后意诚，意诚而后心正，心正而后身修，身修而后家齐，家齐而后国治，国治而后天下平。"当然，在修身、齐家、治国、平天下中，修身是起点也是关键点所在。从这里可以看出我国儒家思想十分重视道德品质的修养。而道德的自我修养离不开道德的自我评价。自我评价的落脚点就是以道德教育理论指导道德教育实践，使之能够解决生活中遇见的问题。

目前，德育模式评价主要是以他评为主，学生很少有机会参与其中，更不用说学生的自我评价了。德育关注的是自我评价、察言观色、慎独等方法。如钟启泉等人在《为了中华民族的复兴，为了每位学生的发展》一书中指出，学生在实际生活中能否达到德育目标，即对学生要求做一个有德行的人，是德育模式评价的一个重要标准。孔子以"听其言，观其行"作为评价一个人的重要原则，他在道德教育中，把观察到的学生的一言一行，作为评价学生道德水平的重要依据。我国德育专家檀传宝认为：真正的道德应该内发于完全的价值需要，外化为自然的道德行动，来不得半点勉强和造作。可见，在非灌输性道德教育思想中，慎独不是道德主体迫于外在压力而做出的规范行为，而是使道德动机和道德行为处于一种流畅、自由状态的道德境界。

2.德育模式评价必须回归学生生活

加德纳曾说过：除非评价是在真实领域和社会环境中进行的，否则我们就要怀疑它能否准确地表现人类的智力成绩。因此，德育评价应该在学生生活、社会环境中进行，否则我们就要怀疑它能否准确反映学生的道德水平。如衣俊卿在《理性向生活世界的回归——20 世纪哲学的一个重要转向》中指出：评价在一种无意识状态下进行，成为教师、学生日常生活中最平常的一部分，那么就可以说评价是真正回到了学生生活，而不是强加于学生身上的负担。同时，李吉林在《李吉林小学语文“情境教学——情境教育”》一书中也强调道德是人的道德，人是道德的主体，人的道德是个体参与到生活世界中后，根据个体生命的经历、感受和体验生成的，道德教育就是一种生活教育，德育评价就是评价学生的生活世界。又如叶澜教授说道：德育目标落实的着眼点在于德育回归学生生活，对学生进行个性化评价指导，为每个学生提供适合个人能力、对个人而言有意义的学习体验评价才是真正的道德教育评价。由此可见，德育评价作为道德教育中有导向作用的一个环节，是连接学生道德规范、认知水平与道德行为的桥梁。因此，德育评价要贴近学生的生活，提供学生道德发展状况的反馈信息，从而使德育评价更具有针对性，更有效指导德育模式的构建。

（三）关于中职学校德育模式建构的策略研究

1.关于中职学校特色德育研究

国内有关学校德育模式实施策略研究的著作和文章较多。大多数学者的研究集中于特色德育、德育模式实践案例等方面。他们认为学校德育模式建构策略主要是指通过学校德育的实施来促进学校特色的形成。如孙孔懿在《学校特色论》一书中指出实现学校德育的目的是实现学校特色办学，并在此基础上提出了相应的德育模式及其实现的途径和策略。类似这样的著作还有朱正义与张士华主编的《中小学特色化·多样化的理论与操作》等。论文方面的研究主要有杨月秋的《论中小学学校特色》《浅议创新学校德育的策略》，孟涛的《小学德育模式实施的问题及对策研究》等。这些论文主要从学校德育模式存在的问题及学校德育实施特色内外条件出发，对学校德育实施过程中所遵循的原则、实施案例、德育实施的最终目的、校本管理的优化、校园文化的营造等方面展开了系统研究。

2.关于学校德育模式的实施范例、实践经验研究

在德育模式实践的范例和未来德育发展的趋势方面相关学者也做了相应的研究。他们认为随着对外开放的进一步深入，我国进入了社会急剧转型期，在价值观念发生变化、西方文化不断冲击的背景下，思想观念和学校管理策略也应随着时代一起进步，特别是随着德育模式研究的出现，学校也应对德育模式研究重视起来。不少学校在这方面的研究已经取得了很大的进步，如对某一学校德育实施策略进行案例描述或对德育工作进行相应的简单总结；研究凸显学生自主参与的德育模式的论文《以德立校 用德育人——近观淮南市龙湖中学德育特色》；研究在德育实施过程中以学生为主、注重学生心灵的德育培育的论文《德育“法宝”——重庆市綦江实验中学德育特色纪实》；《让体验深入人心走德育特色新路——牡丹江市实验中学实践与体验式德育工作简介》一文倡导“活动、体验、实践”的生活德育理念。这类反映校园德育的纪实类文章还有《创德育特色立初中品牌——记新余市第六中学》《科学规划稳步实施——湖北省宜都市第一中学德育特色》等。从这些文章中我们可以发现，这些学校的德育特色是现代德育理论与德育模式研究相结合的成果。

（四）国外关于学校德育模式的相关研究

通过文献分析我们总结出西方具有影响力的学校德育模式有生活德育模式、社会学习德育模式、人本主义德育模式等几大类。

1.生活德育模式

该模式主要存在于比较发达的资本主义国家，主张从儿童认知能力与判断能力出发，重视教育发展的规律性，遵从儿童发展的三个水平与六个阶段。如李静的《美国学校的德育特色及启示》从德育目标、德育模式等方面比较全面地概括了美国学校的德育特色：遵从孩子的身心发展规律，贴近孩子的生活实际，重在孩子的参与体验，德育模式多种多样，实用性与操作性强等。相关的研究还有王帅和王丹丹的《韩国、日本学校德育特色及对我国的启示》，冉小先的《新加坡德育特色及对我们的启示》等。

2.社会学习德育模式

该模式重视的是社会对学校的影响作用，强调学生的观察能力等的培养，认为人的品德发展在很大程度上是受环境尤其是社会环境的影响。如李雪红在《小学品德教学拓新》中这样论述：学习动机的激发源于一定的学习需要。在这方面，心理学的观点是，需要是个体和社会的客观需求在大脑中的反映，程建平的《德育模式论》认为德育最根本的来源是学生与生俱来的对社会生活的适应能力，正像杜威所言，“学校即社会”“教育即生活”“在做中学”。

3.人本主义德育模式

人本主义德育模式与价值澄清模式如出一辙，在形式上有很大的相似性。两者都从人与生俱来的内在趋势开始研究，认为德育只有尊重人的发展，分析人的不同价值观念需求，施以合理教育，才能使人获得充分发展，成为健全有效能的人，具有代表性的是马斯洛的需要层次论与布鲁姆的教育目标分类学。

三、国内外相关研究的启示

综上所述，国内外相关研究从各个视角对学校德育模式进行了研究，主要集中在德育模式实施策略和方法、德育模式构建探究、德育模式评价和学校文化的功能意义上。在理论方面以个案的方法研究德育模式的研究还比较缺乏，绝大多数研究有流于形式的倾向，真正落实到以人为本、回归教育本真的学校德育模式的构建的案例稀少。由此引发笔者如下思考：德育模式构建的关键在于如何用一种道德生活去创造另一种更美好的道德生活，真正的道德教育模式应该是体验生成的。在此，体验生成是心灵的漫步，是无序与有序的交互，是超越性的迸发，既是目的又是方法。它强调在认同中内化，注重在疑惑与问题中的建构。在这一观点上，道德教育模式在理和情的结合、归纳和演绎的转换、显意识和潜意识的交互中创造性地展开。

（一）生本教育理论的启示：应建构情境化、个性化的德育模式

生本教育理论告诉我们建构道德教育模式应基于一定的情境和结合学生的个

性。情境化的德育模式展示真实的人、具体的事，生活中的喜怒哀乐都在德育情境中得到折射，生活中道德与不道德的现象都在情境中展现，所有的都是鲜活的、生动的。它把德育引向生活，使学生在情境中参与、感知和领悟。它超越了简单的经验复制和实践中对经验的简单相加，因为情境化德育弘扬的是学生真实的生活感悟，展现学生真实的生活情境，使学生感悟生命中的辛酸苦辣，从而获得对生活的真正体悟。

"体验—生成"的德育模式是一种个性化的德育模式，鼓励学生个性化表达，不畏惧犯错，把错误本身当作教材，让学生产生好奇心并促进自主探究，引导学生在个性化表达中克服怕犯错的心理，完成内部语言与外部语言的有效转换，从而学会表现自己、悦纳自己，进而创造自己。

（二）三位一体、四位一体德育模式的启示：应建构一种思想性的德育模式

不能形成个体思想的学习不是真正的学习。然而思想是在问题中逐步产生的，人的头脑里总是以某一个点为原点，不断发散，从一个问题迁移到另一个问题，一种想法发散出多种想法。而在这个过程中，"体验—生成"的德育模式是以问题为核心的。其中，判断与选择问题是重要的方式，对问题的发散思维是必不可少的途径，它使学生这个主体处于集知识、情感、态度、方法、能力于一体的状态中。

（三）生活德育模式的启示：应建构一种富于人性美、探究性的德育模式

它把学生引领到生活的世界中，让学生用自己的双眼观察这个世界，用自己的智慧领悟这个世界。美学家曾这样说，含羞草在无人触摸的时候才尽情地舒展自己，在黑暗中显示它的娇美。因此，我们的德育应执着于对美学的追求，撬动主体的心灵，引领道德人性的自觉，引领对真善美境界的追求。

探究性德育模式，把德育引向学生的真实生活，让学生在感受大自然的过程中舒展自己，在社会大德大美中尽情地濡染，在开放的环境中自主探究、自我感悟、自我创造。从而使学生经受内心的震撼与理智的挑战，获得精神的陶冶与心灵的净化，内化为高尚的人格，把知识、理论的智慧转换为实践的智慧。

第二节　中职学校特色德育模式建构的基本原则

德育模式的建构应遵循一定的原则。德育原则是根据一定的德育目标、遵循道德教育规律而制订的指导德育实践的基本要求。在道德教育史上，前人提出了很多德育原则，如理论联系实际、知识能力与实践能力相结合、指导性与系统性相结合等，笔者根据德育导向的目标解读，结合学生实际，提出了“主题模块推进式”特色德育模式建构原则，具体如下。

一、建构和内化相结合的原则

在网络化、生态化的时代，原有的观念已经不能满足社会发展的需要，这要求人们不但要对道德生活中一些不合时宜的规范进行修正和重构，而且要构建创造性的德育生活，以此培育出生机勃勃的德育生命。我们要敢于突破陈旧的观念，对传统美德进行批判性传承和发扬。结合今天学校德育的实际，寻找一种个性和共性交互、相对和绝对结合的模式，呼唤一种既重视求异又强调认同的德育模式的建构。因此，健全的道德人格的培养，“规范加创新”的精神，既需要内化性的德育模式的作用，又需要建构性德育模式的支撑。我们只有把内化性德育模式与建构性德育模式有机地结合起来，才能培养出敢于创新、勇于实践、不断满足社会发展的具有良好道德修养的合格公民。

二、不确定性和确定性相结合的原则

有研究表明，对于教学而言，确定性的东西容易对学生思维和创造力造成束缚和限制。如果所有的东西都是有界限的，那么学生的个性品质便不突出。当德育目标在操作过程中具有很强确定性的时候，德育教学对学生学习体验产生的作用就会表现为控制甚至是限制。“体验—生成”德育模式具有很强的不确定性，

这种德育模式的主要特征是：①实践取向，依据体验者的生态阅历，引起体验者的生命感动，从而激发体验者的道德潜能；②开放式体验情境，目标的设置遵循开放对话的原则，可以随时根据体验干预目标设计，从根本上超越枯燥的说教式德育模式；③注重品格的陶冶，在实施德育的过程中，以生态体验活动为主线，设计一系列体验式活动，注重品格陶冶、师生开放式对话、多项式分享。

构建不确定性和确定性相结合的德育模式是促进德育创新的一种重要的途径。首先，我们应该最大限度地把中职德育目标与中职学生生活中的点点滴滴结合起来，使德育具有生活性、开放性；其次，最大限度地整合研究现有的德育模式，吸取其精华，通过确定性与不确定性的内在综合，重建富有活力、富有实践意义的德育模式，避免模式化的操作，与时俱进，不断生成新的、具体的德育模式。

三、情理相结合原则

苏霍姆林斯基强调：道德，只有它被学生自己去追求，获得亲自体验的时候，才能真正成为学生的财富。德育新课标，要求教师更多地关注学生，而不是关注自己设计的教案模式。中职学校德育面对的是活生生的、有生命律动的中职学生，每位学生在德育的体验中，随时都在成长。学生接受的纯理论的东西，如果不能转化为自身的感悟，那么所有的理论都只是纸上谈兵，一切皆空洞。

但是，如何在德育过程中培养学生情理思维的意识和能力，就成了特色德育模式的一个重要使命。所以，此模式的构建必须遵循情理结合的原则。但是，目前德育研究工作者仍对此缺乏足够的重视而导致中职学校德育践行中理性的逻辑缺乏艺术的美感，情感的培养缺乏理论的指导，难以内化为学生个体的精神体验。由此可见，抽象思维和形象思维的交互、情理的结合是激发人的创造力、启发特色德育模式的重要源泉。

四、归纳和演绎相结合的原则

相关研究表明，不论是归纳性的德育模式，还是演绎性的德育模式，都是发散与收敛的分离，对学习难以产生创造性的有效导向。一种创造性活动，要经历思维的发散到思维的收敛，再由思维的收敛到思维的发散的过程，就如理论要经过实践的指导再回到实践中一样。 没有归纳性的德育作用，德育活动就不能定向与聚焦；没有演绎性的德育模式，德育过程就仅是范式，学生得不到思维发散的训练，创造性的人才培养就等于是空话，学生稚嫩的心灵就会很容易封闭。所以，中职学校特色德育模式应该在归纳与演绎两者结合点上找寻平衡。

◆中篇◆

实践篇

第四章 中职学校“主题模块推进式”德育模式的结构与要素

中职学校特色德育模式是一所学校在长期办学过程中积淀形成的特有的优于其他学校的独特德育模式。特色德育必须对优化人才培养过程、提高教育教学质量起到显著作用；必须具有一定的辐射力和影响力，得到社会认可。开展特色德育，不能局限于简单的政治说教，而应充分发挥德育工作的育人功能，多管齐下，使德育工作模块化、系统化，深入思考和挖掘、组合其要素，全方位、多角度地开展和推进学校的德育工作才能收到实效。

基于上述认识，笔者研究总结出了“主题模块推进式”的特色德育模式。所谓“主题模块推进式”德育模式，是基于德育工作模块化的思想，确定学校德育主题，在该主题引领下，将德育工作划分为几大模块，分类别、分阶段、分主次，全面系统地逐步推进学校德育工作的崭新德育模式。本章以北碚职教中心“主题模块推进式”的德育模式为例进行重点阐述。

第一节　主题与灵魂

一、文化与学校文化

一所学校要有一个文化蕴涵，文化底蕴。文化蕴涵越深厚，学校的基础就越深厚。学校的发展要有深厚的文化依托，建设优秀的学校文化则需要认真研究并把握学校文化的内涵与特色。因此，要知道学校文化是什么，我们首先需要了解什么是文化。

（一）文化

文化，古有“文治教化”之意。 汉代刘向《说苑·指武》中有：“凡武之兴，为不服也，文化不改，然后加诛。” 晋代束皙《补亡诗·由仪》一诗中有：“文化内辑，武功外悠。”在古汉语中，文化就是以伦理道德教导世人，使人发乎情止乎礼的意思。

文化定义发展至今，分为广义和狭义两种。 前者将人类所创造的一切都视为文化，它涉及人类整个活动方式及其成果的总和，包括物质的和精神的等各方面的内容，即人类在社会历史发展实践过程中所创造的物质财富和精神财富的总和。 后者仅指社会的意识形态及与之相适应的组织机构、礼仪制度和行为方式等物化的精神生活、精神现象以及精神过程等。 文化包含着多个层面，有二分法、三分法、四分法。 二分法指物质层面和精神层面；三分法指物质层面、制度层面、精神层面；四分法则是在三分法三个层面之后再加上行为习俗层面，而其核心是精神层面的价值观念和民族心理意识。 在社会政治、经济、文化三大系统中，文化处于最高层，起着统率和导向作用。 它可以依附文化载体，超越具体的历史时代，形成一种社会文化环境，对人们产生同化作用。

（二）学校文化

学校作为传播知识和技能的场所，其形式、功能虽然随着社会变迁而变化，但是，其传承文化、塑造文化、选择文化的功能从未动摇过。 学校文化是社会文化大系统中一种独特的文化形式，是整个文化的一部分，是社会文化的亚文化，体现了整个学校的内涵与特色。 在学校文化概念产生之前，已存在一个类似的概念：校园文化。 这两个概念的含义十分相近。 因此，要理解学校文化的概念，必须弄清校园文化的概念。

对校园文化的概念的阐释众说纷纭，研究者们从不同角度提出种种说法，但也不无相近之处，只是阐明的角度不同。 从校园文化和文化的关系角度来讲，校园文化是一种亚文化，是社会文化的主要组成部分之一。 校园文化是人类社会文化作用于学校，由学校自身进行内化的结果。 它以社会主导文化为基础，又以本校的价值观为核心，蕴含着学校传统、领导作风、教师教风、学生学风、人员素质、校园环境等丰富的内涵，既表现出学校发展的文化进步程度和现代化管理水平，也反映着校园文化在社会主导文化系统中的地位和作用，对内集中体现为某种校园气候，对外则向社会树立起学校的形象，并发挥着对社会文化的促进作用。简言之，校园文化包括学校的物质文化、学校的制度文化、师生的行为文化和精神文化。

学校文化是一所学校在长期的教育实践过程中积淀、演化和创造出来的，并为其成员所认同和遵守的价值观念体系、行为规范准则和物化环境风貌的整合和结晶。学校文化是学校所特有的文化现象，是以师生价值观（学生为主体，教师为主导）为核心以及承载这些价值观的活动形式和物质形态。其包括学校的教育目标、校园环境、校园思潮、校风学风以及学校教育为特点的文化生活、教育设施、学生社团组织、学校传统习惯和学校的制度规范内容。但学校文化的主要内容是指学校在长期的办学过程中所形成的共同的价值观念，对此，我们应该有清醒的认识。在这个定义里，教育、教学活动被视为一种文化活动，它不仅传授知识技能，更重要的是还传播社会文化规范和价值体系，塑造着人的心灵。

根据文化分层和学校文化的定义可知，学校文化主要由观念文化、规范文化和物质文化三个层面构成。观念文化也叫精神文化，包括办学的指导思想、教育观、道德观、思维方式、校风。观念文化可分解为四种成分：认知成分、情感成分、价值成分、理想成分。观念文化是学校文化的内核和灵魂，是学校组织发展的精神动力。规范文化也叫制度文化，是一种确立组织机构、明确成员角色与职责、规范成员行为的文化。规范文化有三种表达方式：组织形态、规章制度、角色规范。规范文化是学校育人职能的制度保证。物质文化是学校文化的空间位置形态形式，是学校精神文化的物质载体，物质文化包括环境文化和设施文化。物质文化是学校教育教学及其管理活动的物质基础。

综上可知，学校文化与校园文化在实质上是没有区别的，但在倾向方面又是有微妙区别的，区别主要在于：学校文化凸显的是组织价值和组织行为；校园文化是区域(空间)文化，凸显的是主体价值和主体行为。因此，我们在引用他人资料和进行论述时，把它们视为同一概念，暂不做区分。

二、学校文化建设的案例

学校是传承文化、创造文化的机构，学校文化建设则是学校的应有之责。学校主题文化是一种具有学校核心价值和灵魂价值的文化形态。它由学校文化中最具代表性、最具核心性、最具特色性的文化要素所组成，构成学校的母体语言、文化语境、生命体系和原创精神，它凝结着学校的品质、气质、精神、智慧、思想、信仰，它以价值理性和工具理性的方式为学校提供具有导向性、方向性的主题文化资源、策略、功能、价值，促进学校始终如一地沿着学校文化的发展轨迹和历史坐标前进。从而确保学校生命的独立性、主动性、自觉性，使学校以卓然自立的姿态呈现在社会公众面前，形成独一无二的学校品格和灵魂。

北碚职教中心多年来，深挖学校历史根基，形成了一套主题鲜明的校园文化。该校的前身是梁漱溟先生创办的勉仁文学院，因此该校对梁漱溟先生教育思想的继承和弘扬肩负着不可推卸的责任和使命。该校在开展创建国家改革发展中职示范学校，全面开展特色校园文化建设之际，深度挖掘梁漱溟先生乡村建设实践经验中的职业教育精髓，并继承与弘扬梁漱溟先生“勉仁”教育思想，构建了以“勉仁尚上”为核心理念的特色校园文化和德育模式，全面促进学校德育模式的深化改革，使校园文化建设与德育工作改革紧密联系，形成学校德育工作改革创新的新局面。

该校传承和弘扬梁漱溟教育思想，通过研究探讨，形成一套要素齐全、主题鲜明、富有特色的“勉仁尚上”文化体系，并在此基础上打造学校“三风一训”，德育工作以“勉仁尚上”校园文化理念为引领，以“勉人弘业”为核心价值体系，教育学生勉人勉己，做人做事，先知后行，育人立业。遵循校训“仁以立志，奋勉工学”的要求，着力建设“诚信明礼，崇实求真”的校风，从而引领校园环境建设。通过对校园环境的整体规划，以独特的环境风格和文化内涵影响学生的行为方式和思想观念，达到“润物无声”的教育效果。

（一）主题文化：勉仁

“勉仁文化”，源于书院，文脉沿承，兴于北碚，职教渊源，天赐珍宝，不可多得。北碚职教中心，沿承了勉仁书院的文脉。勉仁书院其实是由两个不同的机构组成的：一个是 1940 年在璧山来凤驿创办，次年迁至北碚的勉仁中学（曾被冠以"重庆第二十二中学"之名）；另一个则是梁漱溟先生调停和谈失败退出政坛，回到北碚后于 1947 年创办的勉仁文学院。后勉仁中学成为职业技术学校。

人称"中国最后一位大儒家"的梁漱溟先生由佛转儒后，便终生虔信并践行于办学当中，无论是在粤、豫、鲁三省乡建，还是在巴山渝水奔走于国事与办学，先生培育人才之道熠熠生辉。梁先生针对当时中国"愚、穷、弱、私"的社会现实问题，基于旧中国"伦理本位、职业分立"的特殊文化背景，提出乡村教育的社会改良之路。其乡村教育主张主要包括：乡村建设是改良中国社会的必由之路，而乡村教育是乡村建设的根本手段；乡村教育要复兴中华传统文化，需要注重道德精神的改造和人格的陶冶及普设乡农学校，培养乡村建设人才，实现乡村自救等。其宝贵的"勉仁"教育思想，是北碚职教中心教育发展的精神内核。

《说文解字》有解，"勉"，疆也，从力，免声。本义为长辈劝诫与激励后生自我完善，后引申为激励对方全力以赴，也指勤勉、奋勉、自勉。"仁"，亲也，从人，从二。其本义为君民同视、平等博爱（以德行仁），其引申义为博爱的、慈善的、包容的（仁爱、仁慈），也引申为恩惠、恩德（见仁见智、大仁大德），还指内心、内核。

时至今日，北碚职教中心秉承并发扬勉仁文学院的精神实质，对"勉仁"的理解与践行，更加体现时代要求，也更加体现职教特色。所谓"勉仁"，意即以仁爱之心，勉人勉己修身、慧智、怡情、果意和恒行。其核心理念为善、能、陶、业，即从善、尚能、乐陶、精业。从善，才会展现仁爱；尚能，才会精湛技艺；乐陶，才会不断奋勉；精业，才会有所作为。

（二）办学理念：勉人弘业

办学的理想和信念，是为办学理念。办学理念，是办学的哲学追问，是校长基于"办什么样的学校"和"怎样办好学校"的深层次思考的结晶，是一定的教育思想、管理思想与学校实际的有机结合。办学理念体现着校长对教育的理想追求及对办学过程中教与学、发展与改革、理想与现实等基本关系的价值信念。从某种意义上说，办学理念就是学校生存理由、生存动力、生存期望的有机构成。办学理念的核心内容是办学者对教育的理想追求及其办学的基本信念。其中也就包含了校长对学校特色的认识、挖掘，因为学校特色是其独立发展，获得卓越办学成就的重要着力点。

简而言之，办学理念包含两层意思，一是办学的价值信念，二是办学理想。明确办学理念，即明确学校发展方向、发展方式。明确的办学理念正是指引学校发展的导航器，它是整个学校精神文化中更为直接地反映办学思路的理念。

北碚职教中心继承“勉仁文化”并发扬其精髓，形成特有的办学理想与信念追求：勉人弘业。所谓“勉人”，即勉者常进，方能使人成才。所谓“弘业”，即勉以弘业，方能立于人世。“勉”是现实，是状态。“弘”是目标，是理想。勉人，非仅指学生个体，更言及职业教育学生群体。弘业，非仅指学业，更言及职业教育事业。在构建现代职业教育体系的历史要求中，中职学校承担着重要的历史使命。北碚职教中心，作为区域中职教育机构，承担着培养现代技术技能型人才、服务地方社会经济的重要责任。而“勉人弘业”，自然成为职教中心继往开来的价值追求与坚定理想。

（三）办学目标：重庆特色，全国示范

目标，是指既定的、科学的、需要为之努力才能达成的结果。办学目标，回答“办成什么样的学校”，是显性层面的理想表达。办学目标是学校发展前景的形象设计，是学校未来要达到的质量水平标准。办学目标一旦确定，就具有强大的感召力和凝聚力。当然，办学目标的制订，应与办学策略的设计与选择相适应。

北碚职教中心，根植于深厚文化历史积淀的职教沃土，得益于国家中职示范学校建设的改革春风，厚积薄发，再创辉煌，彰显特色，追求示范。

所谓“特色”，重在内涵：特色专业，特色课程，特色课堂，特色模式，特色人才。通过规范与扎实的示范学校建设工作，重点专业建设与特色项目的推进，进一步提升学校内涵发展的根基，基于办学模式、人才培养模式的改革，围绕专业建设，开展行业需求调研，制订岗位能力标准，创新课程设置，开发相应教材，深化教学模式和评价模式改革，最终实现人才培养的特色化与优质化。

所谓“示范”，内涵在于现代、优质、品牌、模范、引领。通过示范学校建

设的改革创新，完成设定的任务目标，取得各个方面的突破和成果，总结行之有效的经验和模式。之后，先在学校内部积极推行，再在校外乃至市外积极推广交流，并在实践中检验和提升其质量。在此过程中，逐步提升学校的品牌效应和示范作用。

（四）办学愿景：幸福职教，美丽人生

愿景是憧憬的宏愿和美景，是人们永远为之奋斗希望达到的图景，是一种意愿的表达。愿景概括了未来目标、使命及核心价值，是哲学中最核心的内容，是最终希望实现的图景。办学愿景，是学校全体师生员工为之长期奋斗并希望最终实现的图景，包括学校未来发展目标、使命及核心价值，是更为隐性层面的理想表达。

北碚职教中心，以实现师生生命的充盈与幸福为美好追求，以培养学生精湛技艺并谱写美丽人生为心中宏愿，怀揣理想，矢志不渝。

“幸福职教”是职教人自我需求与价值充分实现的生存状态，也是职教事业受人尊重的原因。“幸福职教”，要基于学生的快乐——有效学习和教师的快乐，即有效教学。在走向幸福的路上，我们必须体验快乐、达成有效。

“美丽人生”是职教人对生命境界的无尽向往，也是使职教事业更快更好发展并发挥其应有功能的不懈追求。“美丽人生”，要基于求真、向善。在塑造美丽人生的画卷里，我们必须学做真人，从善如流。

（五）办学精神：自强不息，追求卓越

办学精神，是办学的动力支柱和境界追求，是学校决策和行为的风格体现，是在长期的发展过程中形成并秉持的内在魂魄。

北碚职教中心，面对职业教育的一个又一个征程，始终保持自强不息的精神，挑战一座又一座高峰，怀揣追求卓越的梦想，创造一个又一个辉煌。在职业教育事业大力发展的时代背景之下，北碚职教中心深入认识与反思自身的优势与不足，机遇与挑战，勇于接受各种考验。北碚职教中心全体同仁，秉承前辈的光荣历史传统，善于把握时代机遇，努力创建国家示范学校，全面实现学校的内涵发展和质量提升，更好服务社会民生。

（六）教育特色：勉仁尚上

特色，是不同于他者的特点。职业教育，作为教育的一个类型，有着与普通教育明显的不同点。中职教育，作为职业教育的一个层次，有着与高等职业教育明显的不同点。中职教育，是一项爱心工程，也是一项耐心工程，需要以极大的爱心和耐心，唤醒学生的自尊，培养学生的自信，在此基础上逐步实现其特有的发展。

中职教育的特殊对象和特殊需求，需要我们首先“勉仁”，其次“尚上”。“勉”即奋勉，“仁”即仁爱。勉以立业，仁以成人。立业基于勤勉，勉者常进，方能立于天地。成人始于仁爱，仁者爱人，方能立于人世。“尚”即崇尚，“上”即向上。“尚上”即崇尚上进。教育应当使人尚上，中职教育尤需担当使人尚上的使命，要勉励人、引导人和帮助人实现尚上的目标，并且要以学校教师和学生的尚上行动与成效，形成浓厚的尚上风气和优良的尚上环境。中职学校推崇尚上教育，主要基于中职学生缺失尚上的心志与自信，通过实施尚上教育，能够开启学生的“上进”之门，引导学生踏上“上进”的征程，帮助学生实现“上进”的理想目标。而“勉仁”是“尚上”的表现和前提。

北碚职教中心“勉仁尚上”的教育特色表现为多层次的丰富内涵。“勉”，包含奋勉志学、勤勉向学、自勉乐学。“仁”，包括仁爱之心灵、礼仪之言行、和谐之人格。“尚”，包括尚技尚能、求真务实、尚善求美。“上”，指心态积极、行为进取，最终获得自我超越。内涵层次由浅入深，渐入佳境。相应地，在办学策略上自然有着多方面、系统化的举措。

（七）校训：仁以立志，奋勉工学

校训，1920 年由中华书局出版的《中华百科辞典》的解释是：学校为训育之便利，选若干德育条目制成匾额，悬见于校中公见之地，是为校训。其目的在于使个人随时注意而实践之。校训，是训诫，是导引，是耳濡目染，是刻骨铭心。校训对学校师生的影响，最为直接，也最为长久。校训以其特有的方式发挥育人功能，既是学校内在品性的凝练，也是学校外在气质的彰显。

校训是学校提出的对全体人员具有规范、警策与导向作用的行动口号，它往往是学校核心理念的具体写照，能概括出学校的整体价值追求、独特气质及文化底蕴，蕴含着师生的道德理想、学术人格和历史责任。校训是一个学校的灵魂，体现了一所学校的办学传统、办学原则与办学目标，代表着校园文化和教育理念，是人文精神的高度凝练；同时它也是一种文化，是一种面向社会的精神标志，是学校历史和文化的积淀，是一个学校精神核心的抽象凝聚和形象再现。无论对学校的发展还是对师生的引导，都起着潜移默化和耳濡目染的巨大作用。

“仁以立志”：仁爱，教人求善，志存高远。心怀仁爱，是立志之始。寄于大志，是仁爱之实。简而言之，当一个人将自己的奋斗目标与家国的命运联系起来的时候，他就获得了无穷的动力。北碚职教同仁，以中华复兴、职教振兴作为不懈奋斗的精神动力，不断训诫自己。

“奋勉工学”：奋勉，教人求精，业精于勤。不断奋勉，是过程状态。工学，是预期结果。奋勉有为，方能有位。工于学业，方能出奇制胜。

“仁以立志，奋勉工学”，是为校训，训导北碚职教中心的莘莘学子心怀仁爱，寄于大志，奋勉向上，工于学业。

（八）校风：诚信明礼，崇实求真

《教育大词典》里描述校风是全校师生经过共同努力，在长期教育、管理中逐步形成的相对稳定的精神状态和思想作风，是一个学校领导作风、教师教风、学生学风的集中反映。校风是全校师生员工共同体现出来的行为风尚，是学校在办学过程中长期积淀而成的具有道德意义的风气，是在校内乃至社会上具有极大影响并被普遍认可的思想和行为风尚。校风是校训的拓宽、延伸和具体化，其要素包括学校领导的工作作风，教师的教风和学生的学风，学校积淀的传统文化精神及学术探索所形成的风气和氛围，集中体现了学校的办学理念、育人方针、学术追求和办学特色，是学校格调的重要标志之一。

概言之，一所学校在长期办学实践中所积淀、内化而形成的学校风气，代表了一个学校的精神风貌，这就是校风。校风表现在全体师生、员工长期的教学、科研、学习、生活、管理、服务等一系列实践活动中。校风内化于学校特有的占主导地位的价值取向、思想观念、审美情趣中。校风是学校所有成员共有的群体风貌，校风一旦形成便凝固成为学校的特质，对学校健康持续发展具有极其重要的现实意义。

“诚信明礼”，是立人之本，立校之基，是对自己和他人负责，是向善的表现，是和谐的修炼。诚信，乃诚实守信。在信用稀缺的时代，就要更加秉持信用。诚信，就是要努力兑现自己的承诺。教师的诚信表现为对工作的高度负责，对学生的高度关爱。学生的诚信表现为对专业的高度热爱，对理想的高度追求。明礼，是要通达礼仪。在现代社会，要适应各种环境，并熟悉社交礼仪、职场礼仪。所谓礼多人不怪，明礼，是对他人的高度尊敬，也是良好素质的自然外显。

“崇实求真”，是崇尚真实，追求真理，是对现实和理想的尊重，是本真的表现，是科学的探索。敢于并善于直面职教事业中的问题，实事求是，务求实效。千学万学，学做真人；千教万教，教人求真。今一切事业须从科学上解决，而一切学问须从事实上研究。为此，职业学校要遵循职业教育的特有规律来办学，来促进职业学校的教师和学生群体的发展与成长。

（九）教风：勉人勉己，仁心教人

教风，是学校教师群体在长期的教育教学实践中表现出来的教学风气和习惯。教风直接影响学风。教风是教师在教书育人中的态度与师德的表现。教师不仅要传播知识，还要以自己良好的道德品质去影响学生，从科学知识、思想情感、行为方式等多方面对学生加以引导和培育。教师要忠于人民的教育事业，有远大理想、崇高信念，以及高尚的思想品格和道德修养，注重完善师德、师仪、师艺。师德是教风之魂，如果缺乏师德，毫无责任感，就算专业水平再高，也达不到教书育人的基本目的。师仪是教风之形，教师良好的形象、文雅的仪表、得体的举止，就是树立在学生面前的现实生动的参照榜样。师艺是教风之本，渊博的学识、独立的见解、丰富的教学手段，对学生而言不仅仅是一种知识的传递，也是一种人生境界的提升。

“勉人勉己”：教师的威严在于“学高为师、身正为范”，教师通过自身的不断奋勉和精进有为，为学生提供榜样和示范。现代的职业学校教师，更要体现出德艺双馨的示范作用，以专业信念和敬业精神感召学生的生命。

“仁心教人”：教师的魅力在于“热爱教育、关爱学生”，教师通过自身的仁爱播撒和有效施教，教导学生成人成才。现代的职业学校教师，面对当下中职学生群体，更要体现出特有的耐心和爱心，以宽容和鼓励，点燃学生心中的火焰，激发他们潜在的正能量。

（十）学风：尚技尚能，勤勉乐学

学风就是学生在学习过程中应该养成和遵循的风气，是凝聚在教与学过程中的精神动力、态度作风、方法措施等，不同的学校表现出独有的特色和丰富的内涵，并通过学校全体成员的意志与行动，逐步形成和固化成为一种传统和风格。因此在一定程度上说，学风是教风的折射，教风是学风的写照。学风又是学校各项管理和教学工作的缩影，表现出来的是一种具有倾向性的、稳定的态度和行为，反映在学生学习行为和学习习惯上，表现其对学习的感受、情绪、习惯、传统以及舆论等，对集体的每一个成员具有或积极或消极的影响，由此可见学生学习风气的重要性。从狭义上讲，学风主要是指学生的学习风气，良好学习风气的形成是培养高素质人才的基础。当然，良好学习风气的形成不仅与学生所处的学习环境有关，也与学生自身素质有密切的关系。

“尚技尚能”是心态志向。中职学生首先要崇尚高超技能，练就精湛技艺。以技术技能安身立命。在学生群体中，形成“比学赶帮超”的良好风气，以技能武装自己的双手，铺就锦绣的前程。

“勤勉乐学”是状态行动。中职学生还要通过认知及行为的培养和训练，养成勤勉习惯，实现快乐学习。勤勉才能精益求精，才能更加体会到学习的快乐。乐学才能孜孜不倦，才能达成学习的预期目标。

学校的文化，不仅能陶冶师生的情操，规范师生的行为，而且能够激发全校师生对学校目标、准则的认同感和作为学校一员的使命感、归属感，形成强烈的向心力、凝聚力和群体意识，同时，还能对学生起到潜移默化的教育作用。学校文化是一个学校的活力与灵魂，一个学校若缺乏文化，那么就如鲜花缺少水分的滋润一样，缺乏生存的活力，没有发展的潜力。学校文化，具有独特的正向功能，在构建和谐校园、促进学生全面成长中起着举足轻重的作用。因此，找准学校的历史根基、文化命脉，能充分凸显一个学校的主题和灵魂。

第二节 模块与要素

一、课程模块与要素

课堂教学是进行德育的基本组织形式，是学校开展德育工作的主渠道和主阵地，课程的设置、教学内容的安排以及教师对教材的处理、对学生的把握都深深影响到有效德育是否能实现。

德育课是对学生实施德育影响最直接、最有效的途径。中等职业学校德育课是学校德育工作的主渠道，是各专业学生必修的公共基础课，是学校实施素质教育的重要内容。德育课的主要任务是对学生进行思想政治教育、道德教育、法治教育、职业生涯和职业理想教育以及心理健康教育，提高学生的思想政治素质、职业道德和法律素质，促进学生全面发展和形成综合职业能力。德育课教学应遵循《教育部关于中等职业学校德育课课程设置与教学安排的意见》(教职成〔2008〕6号)提出的“贴近实际、贴近生活、贴近学生”的原则，从学生身心健康发展的规律和中等职业教育培养目标的实际需要出发，注重实践教育、体验教育、养成教育，做到知识学习与能力培养和行为养成相统一，切实增强针对性、实效性和时代感。

根据《教育部关于中等职业学校德育课课程设置与教学安排的意见》(教职成〔2008〕6号)的意见，新一轮的中等职业学校德育课程改革将中职德育课程分为必修课和选修课两部分。必修课包括职业生涯规划、职业道德与法律、经济政治与社会、哲学与人生四门课程。心理健康作为选修课纳入德育课课程体系。德育选修课程的教学时间，一般不少于64学时。选修课除对学生进行心理健康教育外，还应根据国家形势发展进行时事政策教育，结合学校德育工作、学生社会实践、专业学习、顶岗实习进行预防艾滋病教育、毒品预防教育、环境教育、廉洁教育、安全教育等。

从德育课的任务和课程设置可以看出，本轮课程改革在强调思想政治教育的同时，增加了职业生涯教育、法治教育、职业道德教育方面的内容，突出了职业教育的特点，有利于促进学生全面发展和综合职业能力的形成。另外，心理健康教育是学校德育工作的重要组成部分，也是加强德育工作针对性、实效性的重要方面。根据中职学生的身心发展特点和教育规律，注重培养学生良好的心理品质和自尊、自爱、自律、自强的优良品格，增强学生克服困难、经受考验、承受挫折的能力，他们才能更好地适应学习和社会生活的环境。所以本轮课改将心理健康纳入了德育课课程体系。

与此同时，德育工作模块化的思想要求必须整合学科资源，充分挖掘其他学科中的德育因素，在教学实践中找准时机渗透德育的内容，以最大限度发挥课程育德的作用。

充分发挥课程育德的作用，教师必须注意学生学习形式的改变，在课堂中浸润“情感、态度、价值观”，使学生达到知、情、意、行的有效结合。

（一）开设必修课程强化学生思想品德教育

1.“职业生涯规划”助推学生职业发展

大多数中职学生因为升学无望选择了上职校，常感到自卑和茫然，无所事事，生活没有目标。“职业生涯规划”是中等职业学校学生必修的一门德育课。“职业生涯规划”课程的设置，就是要引导学生树立正确的职业观念和职业理想，学会根据社会需要和自身特点进行职业生涯规划，并以此调整和规范自己的行为，为顺利就业、创业创造条件。“职业生涯规划”课程能使学生掌握职业生涯规划的基础知识和常用方法，树立正确的职业理想和职业观、择业观、创业观以及成才观，获得职业生涯规划的能力，增强和提高职业素质和职业能力的培养自觉性，做好适应社会、融入社会和就业、创业的准备。

课程实施策略：举办职业生涯规划演讲比赛，组织学生参加全国“文明风采”竞赛等职业生涯规划类比赛，引导学生树立正确的成才观、就业观、创业观，通过职业生涯规划设计思考自己的未来，并获得持续前进的动力。

2.“职业道德与法律”提升学生职业道德与法律素养

长期以来，在我国教育界，存在一种现象：受到高考指挥棒的影响，学校、老师和家长更多地关注学生的学习成绩，对其他方面比较漠然。对分数的过分关注，势必造成对学生行为习惯养成教育的忽视。今天，中学生随手乱扔垃圾、爆粗口等不文明现象屡见不鲜，在就业的过程中频繁跳槽、怕苦怕累的行为层出不穷，青少年违法犯罪也日益呈现低龄化趋势。

“职业道德与法律”是中等职业学校学生必修的一门德育课程。其任务是提高学生的职业道德素质和法律素质，引导学生树立社会主义核心价值观，增强社会主义法治意识。

教学大纲规定，通过开设“职业道德与法律”课程，帮助学生了解文明礼仪的基本要求、职业道德的作用和基本规范，陶冶道德情操，增强职业道德意识，养成职业道德行为习惯；指导学生掌握与日常生活和职业活动密切相关的法律常识，树立法治观念，增强法律意识，成为懂法、守法、用法的公民。

课程实施策略：在教学中采用案例教学和示范教学的方式，让学生在课堂上感受职业道德之美，激发学生自觉规范个人道德行为，树立做合格职业人的信念；组织学生参观庭审并进行模拟庭审，激发学生学法的兴趣，领悟学法的重要性。

3.“经济政治与社会”激发学生建设热情

今天的中职学生，是生活在网络时代追随偶像成长起来的一代。他们聊得最多的是网络游戏和网络虚拟的而非现实的生活，他们关注的更多的是自己的生活而对贫弱者视而不见，他们关心的是心中的偶像何时会在何地出现而不是国际政治时局。

“经济政治与社会”是中等职业学校学生必修的一门德育课。通过“经济政治与社会”课程的学习，要达到使学生认同我国的经济、政治制度，了解所处的文化和社会环境，树立中国特色社会主义共同理想，积极投身我国经济、政治、文化、社会建设的目的。引导学生掌握马克思主义的基本观点和我国社会主义经济建设、政治建设、文化建设、社会建设的有关知识；提高思想政治素质，坚定走中国特色社会主义道路的信念；提高辨析社会现象、主动参与社会生活的能力。

课程实施策略：组织学生进行市场调查，学会运用经济常识分析生活中常见的经济现象，撰写调查报告；开展关于民主与纪律的班级辩论赛，深刻领会我国人民当家作主的根本政治制度——人民代表大会制度的内涵；组织学生进行市民随机采访以了解民生，并撰写调查报告。

4.“哲学与人生”帮助学生形成正确三观

随着科技的发展，人们足不出户可阅尽天下大事。但不容忽视的是，多渠道、大容量的信息传播带给人们生活和工作便利的同时，也带来了不同国家、不同民族、不同群体的价值观。其结果是辨别能力还不强的青少年面对各种各样的社会现象和问题无所适从，若不加以正确引导，极有可能步入歧途。

通过“哲学与人生”的学习，帮助学生学习运用辩证唯物主义和历史唯物主义的观点和方法，正确看待自然、社会的发展，正确认识和处理人生发展中的基本问题，树立和追求崇高理想，逐步形成正确的世界观、人生观和价值观。使学生了解马克思主义哲学中与人生发展关系密切的基础知识，提高学生运用马克思主义哲学的基本观点、方法分析和解决人生发展重要问题的能力，引导学生进行正确的价值判断和行为选择，形成积极向上的人生态度，为人生的健康发展奠定思想基础。

课程实施策略：开展辩论教学使学生辩出真理，辩出是非真伪，从而去伪存真，弃恶扬善；通过启发式课堂教学，让学生学会运用哲学的思维思考自然、社会以及人生，逐步树立正确的三观。

（二）利用辅助课程融入德育教育

除了德育必修课程外，其他各学科教材中同样蕴含着极其丰富的育人资源。只有认真研究教材，充分挖掘教材的德育内涵；把握学科特点，增强德育针对性；精心设计教学，把握课堂德育的最佳时机，才能充分发挥各学科合力育德的作用，课程育德才能水到渠成。

1.“心理健康”促进学生身心和谐发展

受到各方面因素的影响，大多中职学生心理自卑感强，不能悦纳自我；部分学生在人际交往中存在或多或少的障碍，无法与他人实现有效沟通和交流；情绪管理能力不强。

按照教育部关于中职德育课程的设置，“心理健康”属于德育课程体系的选修课，在对学生施加德育影响上具有举足轻重的作用。对学生进行心理健康的基本知识、方法和意识的教育，能提高全体学生的心理素质，帮助学生正确认识和处理成长、学习、生活和求职就业中遇到的心理行为问题，促进其身心全面和谐发展。"心理健康"课程能帮助学生了解心理健康的基本知识，树立心理健康意识，掌握心理调适的方法；指导学生正确处理各种人际关系，学会合作与竞争，培养职业兴趣，提高应对挫折、求职就业、适应社会的能力。"心理健康"课程还能帮助学生正确认识自我，学会有效学习，确立符合自身发展的积极生活目标，培养责任感、义务感和创新精神，养成自信、自律、敬业、乐群的心理品质，提高全体学生的心理健康水平和职业心理素质。

课程实施策略：教师应结合教学内容，利用校内外的心理健康教育资源，在课堂教学和综合实践活动中，有计划地组织学生开展团体辅导、个别咨询、心理行为训练等活动，同时，在实习实训中渗透心理健康教育，通过校园文化活动等普及心理健康知识。

2.文化课是学生得以持续发展的基础

有一个市级规模的行业企业用工调查，归纳出企业的用工要求，从主到次依次排列是：具有吃苦耐劳的精神，有比较好的文化基础，有一定的专业理论基础，有一定的相关的专业技能基础。可见，用工单位是比较看重文化基础的。同时，从终身教育的角度来看，中职教育不是终结教育，文化基础是个人持续发展的基础。因此，实施课程育德，还必须高度重视文化课的教学，通过文化课渗透德育。

中职文化课主要包含语文、数学和英语三门学科。

语文教学应培养学生高尚的道德情操和健康的审美情趣，形成正确的价值观和积极的人生态度，是语文教学的重要内容，不应该把它当作外在的附加任务。应该注重熏陶感染，潜移默化，把这些内容贯穿于日常的教学过程之中。中职语文作为一门基础学科，对于提升中职学生的思想道德品质和科学文化素养，弘扬祖国的优秀传统文化和吸收人类进步文化具有十分重要的意义。教师应立足于语文学科的本质特征，充分发挥学科优势，挖掘教材的德育因素，把思想道德教育贯穿于语文知识传授和听说读写的训练过程中，培养品学兼优、具有健康人格的社会主义建设者。

数学向来以辩证、清晰、简约、深刻著称，从提高思维素养方面来说，较之其他学科，数学完善人的精神品格的作用更为突出。数学课上，教师可以经常让学生运用知识解决一些实际问题，让学生体会到生活中处处有数学，人们的生活与国家建设离不开数学，只有学好数学，将来才能更好地为建设祖国服务。还可以深入挖掘数学中的美学因素，如对称、统一、秩序等，对学生进行集体主义教育，利用函数坐标等知识对学生进行人生定位、价值观的教育，从而不断激发其学习兴趣，逐渐培养学生学好数学的信心和兴趣。

英语课程的学习，既是学生通过学习和实践活动逐步掌握英语知识和技能，提高语言实际运用能力的过程，又是他们磨砺意志、陶冶情操、开阔视野、丰富生活经历、开发思维能力、发展个性和提高人文素养的过程。因此，教师的任务不仅仅是传授知识，更重要的是善于挖掘教材中的德育因素，把握教育契机，在课堂内外开展各种形式的活动，适时、恰当地渗透道德教育，使学生学会求知，学会做人，从而形成正确的人生观和健康的品格。

3.专业课培养学生合格职业人意识

就职业教育而言，专业课程的教学时间较之其他课程所占的比例更大，自然也就成了德育渗透的重要载体。因此笔者主张在专业课教学上，要反复强化学生“教室即车间、实训即生产”的理念，严格按照员工的标准要求自己，突出“学中做”和“做中学”。教师要依据学生的实际状况，有意识地实施项目驱动和案例教学，由教师提出学习任务，学生自主完成并进行小组交流，师生共同点评，体现教师主导、学生主体的素质教育培养理念，在以技能培养为主线的教学过程中融入德育元素，打造充满活力的高效课堂。

根据不同专业分类，针对学生的个性，各专业教师要采取不同的方法实施教学，并在专业科目期末考试时增加职业道德的内容，可以采取平时表现、笔试和实践操作等形式来计算学期总评成绩。通过在专业课中渗透德育元素，增强学生做合格职业人的意识。

4.公共基础课程奠定学生终身学习的基础

公共基础课程的任务是引导中职学生树立正确的世界观、人生观和价值观，提高学生思想政治素质、职业道德水平和科学文化素养；为专业知识的学习和职业技能的培养奠定基础，满足学生职业生涯发展的需要，促进终身学习。课程设置和教学应与培养目标相适应，注重学生能力的培养，加强与学生生活、专业和社会实践的紧密联系；为学生学习专业知识和形成职业技能打好基础，为学生接受继续教育、转换职业提供必要的条件。

5.特色校本教材培养学生家国情怀

每一所学校都有自己的发展历史，有自己独特的文化传统和办学思想，有着异于他校的学生群体。本着以人为本的思想，立足每个学生的长远发展，学校有必要也有责任开发出具有本校特色的校本教材，对学生进行更有针对性也更为有效的教学，从而提高学生学习的兴趣和效率，增进学生对学校和班级的认同。

总之，学科教学融入德育要在“融”字上下功夫，要把“传道”融入“授业”之中，使“授业”与“传道”一体，情理交融，增强学科教育融入德育的实效性，努力做到知、情、意、行的统一。

二、活动模块与要素

活动是育人的重要载体。通过实践活动，使学生充分发挥主观能动性，展现个人才能，张扬个性，并在活动中学会与人合作，在经历挫折中感受成长。

有人说，“德育是个筐，什么都能装”，但到底装什么，怎么装，如何让学生在活动中进行主体育德，自觉提高道德认识，锻炼意志品质，养成良好的行为习惯，这是值得思考和探讨的问题。

杜威说过：准备生活的唯一途径就是进行社会生活，离开了任何直接的社会需要和动机，离开了任何现存的社会情境，要培养对社会有益或有用的习惯，是不折不扣地在岸上通过做动作教儿童游泳。为此，学校德育必须结合现实生活，引导学生在实践中体验做人的真谛。围绕“勉人弘业”的德育主题，北碚职教中心分学期、有重点、分主次地制订出学校德育主题教育计划，根据学生的身心发展特点和认知规律，将活动育德模块分为主题活动育德和日常活动育德两个部分。

(一)开展主题活动，推动德育教育深入开展

1.勤勉自律教育

对于多数中职学生来说，选择职校就读，往往是因为学习习惯差、自控能力差、意志薄弱等问题导致学习成绩跟不上而做出的无奈之举。进入职业高中，他们的人生站在了新的起点上，面对新的学习生活环境，又会产生各种各样的不

适应。如果不及时加强引导，学生极易产生更多的心理不适，滋生更多的行为问题，加大学校管理的难度。

因此，新生入校即全面开展以“角色定位、勤勉自律”为主题的系列德育教育实践活动，引导学生认识自我，实现正确的角色定位；加强对学生勤奋做事、坚持不懈的意志品质的培养，增强学生抗挫折的能力；培养学生严格自律、自觉约束个人不良行为的道德习惯，做有道德的人。

北碚职教中心开展的主题系列活动主要有：

（1）按照《中学生守则》《中学生日常行为规范》要求对学生进行入学教育，使学生尽快适应新的环境和要求，自觉规范个人行为；

（2）利用军训对学生进行吃苦耐劳教育、集体主义教育，增强学生的团队意识和组织纪律观念；

（3）利用特色校本教材开展乡史、校史教育，增强学生爱班、爱校的意识，培养学生的家国情怀。

2.生命健康教育

近年来，大量关于中小学生非正常死亡和遭受意外伤害的报道，引起了教育界对生命健康教育的关注。中职学生正处在叛逆期，内心浮躁，行事冲动，极易受到各种各样的伤害或遭受到来自外界的伤害。为此，对中职学生加强生命健康教育，以引起学生对自己和他人生命的敬畏之心，减少不该有的伤害和死亡已势在必行。

关于生命健康的教育活动，可根据需要确定学校和班级的周活动主题、月活动主题，分别进行青春期教育、健康教育、安全教育、环境教育、禁毒教育、预防艾滋病教育、法治教育等各类专题教育。

3.修身明礼教育

受各种不良因素的影响，不少中职学生身上都存在着使用不文明语言的现象和不道德行为，直接或间接地引发了各种各样的同学纠纷和师生矛盾，增加了学校和谐发展的不安定因素，也影响到学生的健康发展。

因此，北碚职教中心开展了以“修身明礼、厚德端行”为主题的系列德育教育实践活动，引导学生树立文明新风，弘扬先进文化，抵制不良风气。围绕这一主题，举行“我与班级共成长”系列活动，进行小组卫生评比、文明寝室评比和文明学生评比，开展“学雷锋，树新风”等主题教育活动，提升学生文明素养，倡导校园新风正气。

通过宣传、实施、总结展示三个阶段，结合各班级自身情况，依靠班主任、学生会干部、班干部三支队伍，树立全员参与、全过程参与和全方位参与的意识，实现“润物无声”的教育效果；对于活动中取得的各类成果进行深入总结，使学生认识到活动的重要性和长远意义，全校上下形成人人参与、人人文明、人人进步的良好氛围，达到育德活动的预期目标。

4.仁爱感恩教育

感恩的“恩”字，按照《说文解字》的说法，本来意思就是“惠”，而“惠”的意思就是“仁”，所以，感恩就是一种仁爱的精神。而这恰恰是今天的孩子严重缺失的品格和精神。他们常常以自我为中心，对父母的付出视而不见，将他人的帮助视为理所当然，对弱小者嘲笑，对野蛮粗俗者甚是推崇。开展仁爱感恩教育，就是要让学生学会以仁爱之心对待万事万物，以感恩之情回馈父母，回馈社会，回馈祖国。

可以开展的主题活动形式有：“给父母写一封信”“为父母做一次饭”活动，教会学生感恩父母；“你说我说”活动，教会学生感恩身边的老师和同学；校园志愿者活动，带领学生志愿者参加义工活动，将德育工作融入公益，倡导学生奉献自我、回报社会。

5.职业素养教育

今天，在经济发达的沿海地区，“用工荒”是不少企业常见的现象。这一现象的背后，隐藏的不是人力资源的缺乏，而是对劳动者职业素养和综合素质的渴求。培养中职学生的敬业精神，端正其做人做事的态度，是加强中职学生职业素养教育的关键。

除了通过相关的职业素养课程进行教育外，学校还可根据需要在不同年级、不同时段开展以职业素养教育为主题的德育实践活动。如借全国“文明风采”竞赛开展职业生涯规划设计比赛；开展诸如“成长的翅膀”“融入团队”“让听者听懂你的心里话”“如何销售自己”和“成功面试”等主题班会活动；加强校企合作，让学生切身体验职场，在实践中提升个人职业素养；在教学楼、公寓、食堂等公共活动场所增设具有职业特色的格言警句等，在教室、实验室张贴与专业内容相关的标语，使学生置身校园就有一种特殊的职业感觉，有效地帮助学生尽快进入职业角色，唤起职业意识，培养学生的职业素养。

6.立志成才教育

教育的最终目的，不只是要把学生培养成人，更要使学生成才，成为社会需要之才。为此，仅仅教会学生做人，教会学生做事是不够的。中职学校的教育必须紧紧围绕学生立志、成才来开展，逐级逐层地推进“明礼、立志、勤学、成才”主题德育活动，通过就业、创业、成才励志等主题教育，培养学生的职业意识，增强学生的职业能力与素质，使其适应企业和经济社会发展的需求。

（二）加强日常活动，辅助德育工作持久开展

德育教育是一个潜移默化的过程。每一个主题德育活动的有效开展，都可能给予学生一次深刻的思想启迪和强烈的情感冲击，但要真正将其转化为持久的行动，则需要通过一系列的日常活动，将其常态化，使学生在潜移默化的过程中养成良好的道德行为习惯。

基于此，北碚职教中心主要通过三个方面的日常活动对学生进行德育辅助教育。一是以班级为单位，开展每周一的“国旗下的讲话”，主题、内容和形式由各班根据实际需要自行拟定。二是坚持每天的晨读午唱，读明理之书，唱和谐之歌，在读书声中启迪学生心智，在音乐中陶冶学生情操。三是开展常规的社团活动，如学生会相关部门对各班级纪律、卫生的自治管理，结合各专业特色及学生兴趣爱好，成立校园合唱团、校园广播站，舞蹈、书法、写作、绘画、摄影、街舞和跆拳道等社团，开展丰富多彩的文体活动，丰富学生的业余生活，增强学生的自信心和班集体的凝聚力，培养学生学艺术、爱艺术、展才华的意识。学生以自己喜爱的形式快乐地抒发对国家、对集体的祝福，展示青春的责任与理想，也展示着积极的信念和正确的价值观。

这些活动和形式，贴近学生生活实际，耳濡目染，学生将逐步树立起正确的人生观和职业观，养成良好的职业道德行为，有效提升就业、创业的综合素质和能力，确保学校德育工作目标的实现。

三、文化模块与要素

文化作为人类的历史积淀，是各种复杂社会现象的反映，它包含了人类在历史发展过程中所创造的物质财富和精神财富的总和。文化发展本身就孕育着道德成长的因素。校园文化就是指学校在长期发展过程中逐步形成的校园格局与为全体成员认同遵循，并带有本校特色的价值观念、校园精神、学校风气和行为方式等因素的有机综合。

校园文化是学校德育工作的隐性课程，良好的校园文化氛围不仅能陶冶人的情操，使人自觉规范自己的行为，更能够增强广大师生对学校办学理念和制度规则的认同感，激发师生的使命感、归属感，催生其道德感。

因此，在德育教育过程中，学校力求以优化、美化校园文化环境为重点，营造学生的精神家园。

（一）建设校园文化熏陶学生心灵

1.学校观念文化

观念文化又叫精神文化，是校园文化的核心内容和深层结构要素。主要指在校园内占主导地位的思想观念、价值取向、校风传统、思维方式、行为方式、集体舆论等。学校精神文化，不仅包括人们的观念，还包括提炼后的文字表述，人们在观念指导下的各种活动，形成的精神风气，甚至是由此影响到的学校的性格特色。这些要素围绕学校理念形成一个庞大而复杂的集合体，包括物质的、精神的，具体的、抽象的，有意识的、无意识的，主观的、客观的，认识的、实践的……所有这些有机地结合到一起，而不是机械地堆砌，才凝结成学校的精神文化。

因此，学校要深入挖掘自己的历史传统，结合现实特点，提炼出独具特色的主题文化，形成科学的办学理念和校风校训，设计和创作出符合主题文化的校徽、校歌和校服，充分发挥校训、校徽、校歌、校服的凝聚作用。

在不断地探索中，北碚职教中心形成了独具特色的校园理念，走出了一条自我发展之路。秉承梁漱溟先生的教育思想，学校挖掘出“勉仁”主题文化，提炼了“勉人弘业”的办学理念，确定了建设“重庆特色，全国示范”的办学目标，将“仁以立志，奋勉工学 ”作为校训，逐步形成“诚信明礼，崇实求真”的校风，彰显“勉仁尚上”的教育特色和“自强不息，追求卓越”的办学精神，并以“幸福职教，美丽人生”作为办学愿景。

2.学校管理文化

学校管理文化又称学校制度文化，主要是指校园内各种形式的行为规范体系、政策条例体系和管理制度体系，以及各类组织机构，是一个学校文化传统的历史积淀。 如《中学生守则》《中学生日常行为规范》《文明班集体评选办法》《住校生管理规定》；组织、宣传、文娱等考核制度；学校党组织、行政、共青团、学生会以及各种学生社团、兴趣小组等组织机构。 它是校园文化建设的现实起点，是学校教育教学工作得以顺利进行的保障。

学校制度文化是学校文化的重要组成部分，是学校成员以学校制度来构建的生活方式，是连接学校物质文化与学校精神文化的纽带。 建设学校制度文化对提高教师的积极性，营造学校健康、向上的文化氛围起着重要作用，并能够为教师发展铺路架桥，促进学校不断发展。 而且通过学校管理文化的建设，对学生进行日常行为的规范和教育，使之内化为学生的道德认识，并外化为自觉的道德行动。

3.学校环境文化

学校环境文化又称学校物质文化，是指构成校园自然环境以及经过人们改造过的各种校园设施，是构成校园的“硬件”，表现为具体的物质形态。 学校物质文化主要指校园内经过人们组织、改造、利用而形成的校容校貌和学习环境，包括学校的环境布局、整体规划、各种建筑设施和人文景观等，是开展教育教学活动的物质基础，也是德育的重要载体。

学校物质文化既包括了学校为实现教育目的而建设的各种物质设施和环境，又包含其中蕴含的学校长期以来凝聚的精神内核和文化底蕴，是学校物质文明和精神文明高度协调发展的具体体现。 对于一所学校来说，其物质文化对外是一张展现自我的名片，彰显了学校的办学目标、教学风格、学校实力和学校特色等，对内则是一张有形的意义之网，“润物无声”般地影响着学校的校风、学风以及师生们的道德观和精神世界。

因此，在建设校园环境文化时，要不断把民族优秀文化引入校园文化建设中去，在校园文化活动开展中吸收、融入更多的民族精髓，让祖国博大精深的文化底蕴通过各种途径潜移默化地影响学生。创设幽雅而富有文化底蕴的校园环境，使学生在潜意识中陶冶情操，净化心灵；利用名言、人物故事和建筑装饰等人文生态景观唤醒学生主体道德的认识；开展丰富多彩的学科、体育、艺术和文娱活动，培养学生的爱国情怀；利用网络、校园广播丰富学生生活，培养学生创造精神和动手能力。

4.校园行为文化

行为文化是校园文化的一种亚文化，是学生在学校活动中所表现出的特有的价值观念、思维方式、行为规范等。校园行为文化也可称为学校行为文化，主要指师生、管理人员在教学、管理、科研、学习、生活以及文体活动中表现出的精神状态、行为操守和文化品位，它是校风、教风、学风的核心，也是学校精神、价值观和办学理念的动态体现。学校行为文化是学校行为规范、人际关系、公共关系的综合反映，通过师生员工的日常行为表现出来，是一种动态的文化。如果说精神文化是学校文化的核心与灵魂，那么行为文化则是学校文化的外壳，是传达和表现这种核心和灵魂的载体，没有这种载体，学校精神就无法显现。良好的行为文化体现着学生群体的良好素质，也展现着学校良好的精神风貌，而不良的行为文化则会使个人和学校的形象大打折扣。

行为文化建设是校园文化建设的重点和落脚点，是一项长期的系统工程。要实现其进一步发展，需要各方的共同配合和努力。

第一，学校应高度重视开展具有文化内涵的高品位校园活动，创新活动形式，并以重大纪念日、节日为契机深入开展主题教育活动。第二，学生社团是校园文化育人功能的重要载体。应在坚持“以生为本”的教育管理理念的基础上，重视学生社团组织的建设，精心策划、积极引导，为学生提供更多展示、锻炼机会，拓展学生综合素质，着力打造校园品牌文化。第三，校园文化可以潜移默化地引导学生成长。通过评选“雷锋式少年”“文明标兵”“最佳社团”等活动，鼓励更多的学生为校园文化建设献计献策；通过创办校园文化期刊，反映校园文化特色，展现学校师生的优秀行为文化，以加强学生的人格锤炼和品性修养。第四，加强学风建设，营造积极、健康、向上的校园文化氛围。引导学生树立远大志向，勤奋求学，成为“德技双馨”的优秀人才。

（二）建设班级文化感染学生

班级文化是一个班级的灵魂。它具有增强学生对班级的认同感和归属感，凝聚班级力量，促进学生健康成长的重要作用。

班级文化可分为硬文化和软文化。所谓硬文化，是一种“显性文化”，一种摸得着、看得见的环境文化，也就是物质文化，如教室墙壁上的名言警句或世界名人的画像；摆成马蹄形或矩形的桌椅；展示学生成长过程的图片和文字资料；悬挂在教室前面的班训、班风等醒目图案和标语等，都是硬文化的表现。软文化，则是一种“隐性文化”，包括班级管理文化、观念文化和行为文化。管理文化包括各种班级规定和公约，构成一个制度化的法制文化环境；观念文化则是关于班级、学生、社会、人生、世界、价值的种种观念，这些观念弥漫在整个班级，潜移默化地影响着学生；受制度和观念等的影响，从学生身上表现出来的言谈举止和精神面貌，则是行为文化。

通过班级文化感染学生，一要着力于教室卫生、座位排列和教室的布置，建设良好的班级环境文化，使学生在愉悦的场所快乐学习；二要重视班徽、班歌的设计和形成良好的班风，建设良好的班级精神文化，充实学生的精神家园；三要科学引导学生，共同制订班级规则和公约，认真组织实施，坚持“依规治班”，建设班级制度文化。

班级文化建设是一项系统工程，涉及方方面面。如何分类试点、有序推进，如何聚焦问题、深化研究，如何整合资源、优势互补，如何处理关系、健康发展，如何点上突破、经验推广……凡此种种，都需要全面统筹、前瞻思考、合理规划、制订切实可行的推进方案，并把它作为学校工作计划的一个组成部分，明确具体的建设目标和要求，用规划来引领班级文化建设，并借助班级文化建设形成学校的一种整体文化精神，促进学校文化建设，使两者同步并举、有机结合、协调发展。

学校德育工作是一个复杂的系统化的工程，其运行模式直接影响德育的有效性。“主题模块推进式”德育模式的构建，吸收了当前学术界广泛倡导的模块化教育思想，将实现德育的各种要素有机组合在一起，立足于中职学校发展的现实情况，全方位、多角度地设计了德育工作推进的方式、方法，必将对学生和谐人格的形成、道德的发展起巨大的推动作用。

第三节 进阶与推进

德育在素质教育中起着重要的作用，它能推动与促进学生素质的形成和发展，使他们成为德智体美劳全面和谐发展的一代新人。德育在学校工作中起着重要作用，德育工作是学校的首要工作，是保证学校办学方向正确和学生健康成长的重要环节，因此许多中职学校都很重视德育工作，且开展了丰富的德育活动，但由于没有稳定的教育思路和成熟的教育载体，存在学校各部门和班级各自为政、教育方式单一、资源分散、内容重复等问题，也没有形成全员育人、全过程育人的格局和氛围。

而北碚职教中心提出的“主题模块推进式”德育模式是有着学校传统文化底蕴，又融合时代特色和现实需要的独具特色的德育模式，它具有系统性、针对性强，重点突出的特点。它是根据青少年身心发展的特点和学生认知规律，以学校文化主题为引领，以模块为基础，从两个年级、四个学期，按照引导学生成人——教会学生成事——培养学生成才——激励学生成功的递进顺序展开，依次推进的德育工作。本节内容重点为大家介绍“主题模块推进式”德育模式中的“推进”，让大家从主题模块推进的内涵和意义、方式和内容等几个方面进一步认识“主题模块推进式”德育模式中的推进式教育。

一、主题模块推进的内涵和意义

（一）主题模块推进的内涵

“主题模块推进式”德育模式，就是按照以人为本的原则，根据中职学生成长规律、教育规律和不同阶段学习生活的特点，在不同年级、不同类别的学生群体中把具有一定特征的某种基本思想作为核心内容，确定相应的教育主题，分阶段、分类别、递进式、层级化对学生进行针对性强、目标集中、主题突出的思想教育活动，使不同年级和不同类别的教育纵横交织，彼此呼应，相互促进，全面加强和改进中职学生日常思想政治工作，推动学生成人成才。

（二）主题模块推进的意义

“主题模块推进式”德育模式的构建是遵循教育规律的需要，是遵循学生认知和身心发展规律的需要，是整合中职学生思想政治教育资源的需要。因此它对个人、学校、社会都具有重要的意义。

（1）促进个人素质的提高。随着时代的发展，成才先成人，做事先做人的观念已深入人心，职业教育不再只是单纯地教技能技术，更要帮助学生成为身心健全的人。

（2）促进学校教育的发展。学校通过在课程、活动、文化等一系列的内容和方式上的推进，能促进中职学生的协调发展，提高学校德育工作的时效性。

（3）促进社会的发展。通过使学生提升能力、提升思想、开阔视野、净化灵魂，为现代化建设提供合格的一线人才。

二、主题模块推进的方式

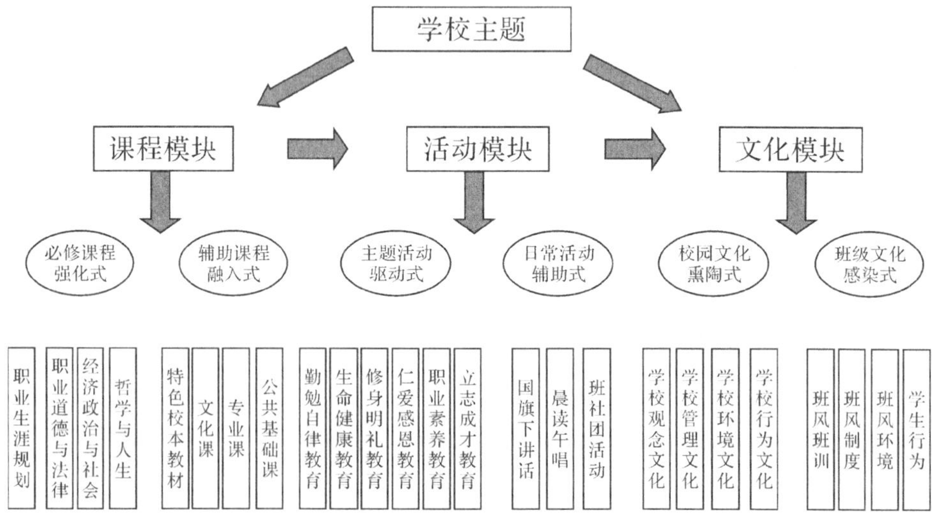

图 4-1 主题模块推进图

根据主题模块推进图（见图 4-1），按照分类标准的不同，可以把推进方式分为不同的类型。按照推进的方向，可以分为纵向的推进和横向的推进；按照推进的层次，可以分为时间的推进和内容的推进；按照推进的模块，可以分为领域模块的推进和内容模块的推进。

（一）纵向的推进和横向的推进

1.自上而下的点面纵向推进

“主题模块推进式”德育模式在内容上是一种自上而下的纵向推进方式，也是由点到线再到面的扩展推进方式。“点”即以学校文化主题为起点，引领整个学校的德育方向；“线”即以课程德育、活动德育、文化德育为主线，完成学校德育教育的目标；“面”即以日常的具体课程和活动、行为、环境等为载体，把德育教育因素渗透到各个方面，让学校的德育工作涉及各个部门和人员，形成一个有机的德育教育整体。

在学校理念的引领下，以课程为主线，抓德育的必修课程和辅助课程，发挥德育课的主阵地作用，大力挖掘文化课、专业课和公共基础课的德育教育因素，真正做到课程育人；以活动为主线，抓主题活动和日常活动，发挥主题教育活动驱动作用，再辅之日常活动，充分利用活动的积极渗透作用，做到课程育人；以文化为主线，抓校园文化和班级文化，以文化陶冶情操，以文化滋养心灵，引领品德成长。

2.从一到三的领域横向推进

“主题模块推进式”德育模式中的三条主线：课程模块、活动模块、文化模块，涉及德育的三个不同领域，即课程德育、活动德育、文化德育，分别有着不同的地位和作用。

课程德育是学校德育的基础和关键环节。学生在校生活的主要时间是在课堂教学环境中度过的，主要精力都倾注在学科学习实践活动中，抓住了课堂教学就抓住了学校德育的关键环节，学校德育的落实就有了途径、有了载体、有了时间和空间。课程实施过程同时也是各种道德影响因素发挥作用的过程，要求教师在教学过程中整合知识教学与道德教育。除了专门的德育教学之外，也让其他学科教学有德育渗透和德育目标，同时要求教师把握课程实施中的各种育德因素形成教育合力，以提高学校道德教育的实效。

《国家中长期教育改革和发展规划纲要（2010－2020年）》指出，要“把促进学生健康成长作为学校一切工作的出发点和落脚点。关心每个学生，促进每个学生主动地、生动活泼地发展，尊重教育规律和学生身心发展规律，为每个学生提供适合的教育”。“促进每个学生主动地、生动活泼地发展”的前提是为学生创造优良的成长环境。德育的过程是对学生施加影响的过程，德育的效果完全取决于学生学习生活的环境。只有不断优化学生的成长环境，才能使学生在不自觉中慢慢朝着健康的方向成长。为每个学生提供适合的教育就要从一点一滴入手，浸润学生的心灵，开展学生最喜爱、最渴望、最愿意参与的活动，为学生创造体验环境，促进和激发学生的道德需要，不断提高其需要的层次。

学校德育的最终目的是培养将正确道德认识付之于行动的人，道德行为可以通过各类活动来培养、检验、巩固和发展。德育活动是有目的、有计划、有组织的，以学生自主活动、直接体验为基本方式，以获得直接经验，培养创新精神、实践能力和综合能力，发展个性为主要目标的活动形式，它融思想道德教育、科技、艺术、社会、社会实践等类型为一体，既是学科课程的延伸、拓宽，又与学科课程相辅相成，共同完成学校的德育目标，同时也是学生道德形成、发展的根源和动力，是学生形成自我评价，进而实现自我教育的基础。所以活动模块既是课程模块的延伸、拓展，又与课程模块紧密联系，从课程模块向活动模块的推进既是德育形式的拓展，又是德育内容的拓展。

文化德育，就是基于文化的思想道德教育，利用一切有效的文化资源，借助文化独特的育人功能，通过学生对文化教育资源的有效吸收和对文化教育活动的有效体验，唤醒学生主体道德成长的主观能动性；用文化浸润德育，让文化走进学生的心灵，让学生获得心灵的滋养；以文化引领学生品德成长，达成“文化润德”“文化化人”的育人目的。

一所学校的文化是由学校发展历史演绎而成的，是一个学校传统、人文精神和价值理念的综合体现，是学校具有鲜明主题和引领作用的精神支柱，更是一个学校发展的灵魂。良好的学校文化具有很强的层次感，像是一部立体的、多彩的、丰富的、全面的、无声的教科书，对学生的情操陶冶、品德培养等方面的作用十分突出，具有“润物无声”的魅力和功效。具有职业教育特色的学校文化对提高中职学生的职业素养，帮助学生形成正确的世界观、人生观和价值观等有着重要的意义。在这里“文化”作为德育的一种方法、途径和手段，能使受教育者从外在改变走向内在精神缔造。通过引发、认同、固化、传承、再造这一过程，阶梯式推进德育内容，使学校德育真正走进学生心灵，乃至精神和生命。

所以文化德育是在课程德育和活动德育的基础上上升到了一个新的层次，既包含着课程德育和活动德育，也融合在课程德育和活动德育之中。

综上所述，课程、活动、文化三个德育模块在“主题模块推进式”德育模式中是相辅相成、密不可分的。课程模块是活动模块和文化模块的基础，活动模块是课程模块和文化模块的过渡，文化模块是课程模块和活动模块的升华。

（二）时间的推进和内容的推进

学生在校的两年内，无论是知识的学习还是各类活动的参与，无论是校园文化的建设还是班级文化的建设，学校都按照四个学期和学生成长规律、教育规律，递进式、层级化进行。

1.从低到高的内容递进式推进

哲学中矛盾的两点论和重点论告诉我们，任何事物都有两点，做事要分清主次，既要抓两点又要抓重点。所以在践行“主题模块推进式”德育模式的时候，要分清课程、活动、文化三个模块中的两点，谁是重点，谁是主要矛盾。下面对三个模块中的主要内容进行介绍。

（1）课程的推进。

德育课作为中等职业教育的一门必修课程，也是德育教育的课堂主阵地，主要由“职业生涯规划”“职业道德与法律”“经济政治与社会”“哲学与人生”四部分构成。从一年级开始，每学期学习一门课程，内容从规划自己的职业生涯到了解职业道德和相关的法律，再到了解国家社会生活中的各种经济政治现象，最后站在理论的高度去思考自己的人生。整个内容逐层递进，让学生的思想认识经历从感性到理性，从具体到抽象的变化过程。

（2）活动的推进。

过去很多学校都很重视德育工作，也开展了很多活动，但由于没有成熟的教育载体和稳定的教育思路，存在学校各部门和各学院各自为政、教育方式单一、资源分散、内容重复等问题，也没有形成全员育人、全过程育人的格局和氛围。

在“主题模块推进式”德育模式的框架下，学生在校的两个年级、四个学期里，学校按照引导学生成人——教会学生成事——培养学生成才——激励学生成功的递进顺序，同时根据新生入校的常规情况、学生的认识发展水平及成长规律，确定了勤勉自律、生命健康、修身明礼、仁爱感恩、职业素养、立志成才等六个主题，使每个学期都有相应的教育主题，各类学生活动则围绕这些主题开展。

第一学期围绕“勤勉自律”开展系列德育活动。进入职业高中，面对新环境，新的学习要求和青春期发育，高一新生大多感到不适应，呈现新的心理特点，出现诸多心理问题。让他们尽快认识职业学校，适应职业学校，完成初中和职业学校衔接迫在眉睫。所以在这个阶段，组织以“角色定位，勤勉自律”为主题的系列教育实践活动，旨在培养学生抗挫折能力，使学生通过不懈努力，找到自己的位置，实现角色的完美转型。可以利用新生入学教育、乡史校史教育、军训等活动突出行为规范教育，强化过渡期辅导，塑造吃苦耐劳品质，培养学生的团队意识和纪律意识，增强其爱国主义情怀。

第二学期推进新的德育主题：“修身明礼”。高一下学期是承上启下的关键时期，学生褪去了初进校时的羞涩和懵懂，经常互相会开玩笑，但由于他们有许多不良行为习惯，而且存在逆反心理，所以会因为开玩笑、借东西等小事产生各种矛盾和诸多不文明现象。在这个阶段组织以“修身明礼、厚德端行”为主题的系列德育教育实践活动，引导学生树立文明新风，弘扬先进文化，抵制不良风气，慎己、慎微、慎独，则显得非常重要。学校可以围绕这一主题，以教“礼”为基础，同时举行“我与学校共成长”系列活动，教室、寝室“美室”活动，亲子活动，社会实践活动等各类活动教育帮助学生养成良好的个人卫生习惯；教导学生自觉遵守学校的作息时间，爱护校园、教室和宿舍并保持清洁卫生，努力打造优美、和谐的校园环境，进而引导学生加强道德修养，提高道德素质，强化学生的爱校责任意识、家庭责任意识和社会责任意识。

第三学期开展“仁爱感恩”教育。作为高二的学生，他们的专业知识和技能已经有了显著提高，许多同学也参与了学校的各类活动，收获了更多技能和荣誉。但现在的学生大多是独生子女，在日常生活中时常以自我为中心，不懂得谅解他人，也不懂得感恩他人。所以在第一、二学期的基础上，第三学期的“仁爱感恩”教育成为学校德育工作的重点，“仁爱感恩”就是要学生在人际交往中学会宽容，有一颗“海纳百川”之心；要在他们收获成功之际，及时引导他们懂得感恩，体会与感悟回馈的幸福。

第三学期的教育，旨在培养学生仁爱之心灵、文明之美德、和谐之人格，全面提升学生的人文素养。在此基础上，第四学期，学校德育工作辅以新的主题——“立志成才”，逐级逐层地推进“明礼、立志、勤学、成才”主题德育活动，通过就业创业教育、成才励志教育，提升学生的职业意识、能力与素质，及其创业精神和职业规划能力，使其更加适应经济社会的发展与需求。

学生在整个两年的学习生活中，学校贯穿“生命健康教育”“仁爱感恩教育”和“职业素养教育”，以主题式德育训练活动、团队活动、主题班会等德育活动为载体，综合设计出主题鲜明的“和润无声，择善而行，能业双馨”的德育文化氛围。

（3）文化的推进。

学校文化是指在一个学校内，由学校发展历史积淀而形成的价值观念、制度契约等构成的价值观体系。它是全校师生的精神家园，决定着学校的价值追求和发展目标。按照学校管理程序，学校文化可以分为观念文化、管理文化、行为文化和环境文化等四个层面。为学生介绍学校文化，让学生感受和感悟学校文化要从以上四个方面逐一展开。

学校观念文化指全校师生共同的价值观念、价值判断、价值取向，一般包括办学理念、育人目标、校训等。它是在校长领导下，由学校自主建构的教育哲学，是学校文化的核心，具有继承性、导向性、激励性和独特性的特点。它内化于学校的制度，并外显于师生行为、校园环境之中。

学校管理文化指学校在日常管理中，在学校观念文化指引下，逐步建立健全的管理机构和具有明确导向性、规范性、合理性和实效性的制度，它是维系学校正常秩序必不可少的保障机制，是学校文化建设的保障系统，一般包括管理方式、守则、规定和学校课程等。

学校行为文化指全校师生受学校观念文化的支配，在学校制度文化的规范下所具有共性的行为，它是学校文化的外显，一般包括校风、教风、学风和传统性活动等。实施学校行为文化，既要在平时学习、生活的行为细节上狠下功夫，也要有计划地组织开展形式多样的校园文化活动，使行为规范和典型活动对学生产生终身受益的影响。

学校环境文化指学校环境和硬件设施所包含的文化形态，是学校文化的物质载体，折射出一所学校内在的底蕴和非物质的气质，一般包括人文环境文化和自然环境文化。校园不管大小，都要充分营造良好的育人环境和氛围，让校园内的一草一木、一砖一石都体现道德的引导和熏陶，使学生在良好的人文环境和自然环境中陶冶情操，健康成长。

2.从主到次的内容扩展式推进

课程德育的内容甚为丰富，但从实际考虑不可能面面俱到，应当有选择地推进，所以把德育课作为“主题模块推进式”德育模式的主要内容，而文化课、专业课、公共基础课等其他课程作为德育渗透的辅助内容。同时，学校可以结合本校的优良文化传统，挖掘教育因素，编写符合自己学校实际的校本教材，让学生能通过校本教材进一步了解学校的历史、文化、理念等相关内容，从而进一步强化德育效果。

主题活动要以学校的文化主题为基础，它的影响力较大，所以在活动德育这一领域有着举足轻重的地位，也是各学校比较热衷的德育活动形式，但是它往往要耗费大量的人力、物力和时间，而且德育工作的效果不是通过开展一两个活动就能立竿见影。所以把学校的德育思想落实到具体的日常活动中才能对德育效果进行巩固。

校园文化和班级文化是学校文化的两个层面。校园文化是宏观层面的文化，班级文化是微观层面的文化，学校的观念文化、管理文化、环境文化和行为文化会渗透到学校的各班级文化之中，而班级文化又是学校宏观文化的具体体现。班主任则要通过班徽的设计、班风学风的建设、班规的制定、班级环境的布置等一系列行为，把“高大上”的学校文化融入其中，让其接地气，让学生感到那些口号式的东西与他们联系密切，对他们的成长有重大的作用。

“主题模块推进式”德育模式既考虑到阶段的侧重点，又注意到教育的整体性。这一特色德育模式建立在学生的心理需求之上，将无形的教育主题具体、贴切地融入学生的学习和生活实际，使学生更容易接受，德育效果更为显著。当然，时代在发展，社会在进步，德育工作不断呈现新特点，为此，要进一步立足于学校德育工作中的新情况、新问题，结合中职学生的年龄特点，加强教育理论的学习，不断强化德育科研意识，深化德育课题研究，积极构建德育新模式，努力营造一个良好的育人环境，让学生在中职阶段得到更健康、更全面的发展，为生命添好底色。

中职学校“主题模块推进式”德育模式的运行机制

德育模式是指在一定的道德教育理论指导下，在大量长期的教育实践中，形成的一种相对稳定、系统化和理论化的道德教育形式。中职学校应以学生思想道德实际状况为基础，以学生将来适应企业需求和社会需求为目标，建立起有利于学生实现自我发展的德育模式。中职学校“主题模块推进式”德育模式的正常运行，依赖于完善的运行机制，包括参与机制、动力机制、干预机制、调控机制、激励与评价机制等。通过各项机制的协调运作，优化和整合校内外各种力量，促进德育模式的有效运行。“主题模块推进式”模式是基于德育系统内部各要素之间相互联系、相互作用、相互制约的联结方式而建构起来的工作体制、管理规范和工作方式。该模式把德育系统内部的所有要素都调动起来，共同协作，使各个要素的功能发挥到最大，从而完成整体目标。把握和完善系统的要素及要求，是建立和完善中职学校“主题模块推进式”德育模式运行机制的关键所在。

第一节　中职学校“主题模块推进式”德育模式的参与机制

一、出发点和归宿：中职学校德育目标

中职学校“主题模块推进式”德育模式的目标，是德育模式运行所期望达到

的成就和结果。它规定着德育运行机制系统的内容及发展方向，是德育参与机制的出发点和归宿，制约着中职学校德育活动的整个运行过程，是中职学校德育模式运行的轴心和灵魂。因此，中职学校"主题模块推进式"德育模式运行机制能否有效运转，必须看是否有一个科学的目标。中职学校德育目标是：把学生培养成为热爱祖国，拥护党的领导，自觉践行社会主义核心价值观，遵纪守法，具有较高思想道德素质、良好行为习惯和健全人格的公民；把学生培养成为具有良好职业道德、较强职业发展能力和终身学习能力的高素质技能型人才。从德育的落脚点看，德育的目的是使学生养成一定的德行、具备一定的思想品德和思想政治素质。依据这个目标，中职学校"主题模块推进式"德育活动要从中职学生成长的思想情况和生活情况的实际出发，开展富有成效的教育活动，让学生在学会知识、技能的同时学会做人，做到知行合一、言行规范。

二、多维主体参与，形成教育合力

在实施德育的过程中，教育者和受教育者是德育活动运行的主体，也是德育活动运行的核心。在对学生的教育活动中，离不开精细化的管理，包括课堂教学的渗透、学校规章的约束、日常检查的督促、校园活动的感化等。从教育活动的多样，可见教育活动主体的多维，不同主体在德育中的分工及职责也有所不同。为达到教育效果的最大化，各主体应形成教育合力。

（一）建立以校长为核心的德育管理共同体

1.校长调控决策

学校应建立以校长为核心，由副校长及德育处、团委、体卫艺处、保卫科工作人员和班主任等组成的学校德育管理队伍。校长和副校长全面负责学校德育管理工作，研究决定德育方面的重大问题，由德育处主持制订学校德育工作实施方案。后交由学校全体行政决策，广泛征求各方面的意见和建议，由校长对决策和方案进行总体把握和调控。通过调控，使德育工作计划更加完善，做到重点突出、措施得力、方法科学，以期达到明显的效果。

2.德育处管理运行

学校德育工作在校长为核心的管理队伍的领导之下，实行由德育处组织协调其他部门共同开展德育工作的方式。班主任在这个管理体系中扮演重要角色，其重要职责就是对学生的学习、生活、思想等方面加以引导和管理。德育处以活动为载体，充分利用一切可以利用的教育手段，如校园电视台、广播、班会、黑板报、团刊、报告会、辩论会等方式，使常规教育与主题实践活动相辅相成，共同促进学生良好习惯的养成。在各项主题活动的驱动下，优化各职能部门和专业部门的管理，调动一切积极因素，构建互联互动、动态开放的德育管理系统。各部门、各专业、各班级制订具体的德育工作计划，使德育工作的开展进一步细化，从而达到可操作化。在组织主题活动时，管理部门要加强学生的主体教育，突出学生的主体地位，强化主流价值观的引导，激活学生深层次需求，形成丰富的、进步的和稳定的德育氛围，促进学生人格和个性的全面发展。各职能部门通过网络建设、心理咨询、信息汇报等渠道，多途径了解学生的思想动态、道德风尚、情绪状态、精神面貌等，以便及时调控，保障德育管理的有效性。学校的育人队伍在内部有不同的分工，即建立起以德育处为龙头，各职能部门协力合作的育人体系，通过校长的统一领导，上下联动，各部门各司其职，协力合作，形成全员育人的德育管理共同体。

（二）打造全方位立体的德育师资队伍和课程体系

育人为本，德育为先。德育工作的落实主要靠教师，而要最大限度地发挥德育工作的作用，就要重视德育师资队伍的建设。德育师资队伍的素质一定程度上决定了教育的成败。提升德育工作队伍的整体水平对学校德育工作起着至关重要的作用，是学校实施德育方针，开展德育工作，培养社会主义建设的接班人的保证，是统筹学校改革、发展和稳定的必然要求。学校德育工作队伍包括领导、老师、部门人员、后勤人员、生活老师等，从更广泛意义上讲，包括全校所有的教职工。每位教职工都应严格遵守中小学教师职业道德规范，树立教师风范，履行“二十四字”方针（爱国守法、爱岗敬业、关爱学生、教书育人、为人师表、终身学习），切实对每位学生进行引导、帮助，促进学生全面健康发展。同时，德育课是中职学生思想道德教育的主渠道，是各专业学生必修的公共基础课。德育课的主要任务是对学生进行思想政治教育、道德教育、法治教育、职业生涯和理想教育、心理健康教育，从而提升学生的思想政治素质、职业道德修养和法律基本素养，促进学生全面发展和综合职业能力提升。通过其他课程，将德育资源的挖掘和运用贯穿于课堂教学的全过程。中职课程中的文化课、体育与健康课、艺术课等其他公共基础课，蕴藏着丰富的德育资源，教师应根据课程目标、课程内容和学生特点，在备课时融入环保教育、健康教育、习惯养成等德育内容。通过课堂这个阵地，承担起引导和帮助学生在思想、学习和生活等方面健康发展的职责。特别是在不同职业的专业课教学中，在突出专业特征的同时，加强学生的职业纪律、职业行为和精神的教育，如酒店管理专业的形象礼仪教育、数控专业的吃苦耐劳教育、园林专业的艺术审美教育、电子专业的灵活细致教育、幼教专业的爱心教育等。

（三）建构以主题活动为载体的校园文化

校园文化是学校所具有的特定的精神环境和文化氛围，是学校师生共同创造和享受的学校各种文化形态的总和。校园文化包括观念文化、管理文化、环境文化和行为文化四个方面。观念文化是校园文化的基础载体，是一种精神文化，也是校园文化的核心和灵魂；管理文化是维系学校正常秩序必不可少的保障机制；行为文化是推进校园文化的良好载体。观念文化和环境文化是由校方着手落实，管理者和学生共同营造的文化；管理文化和行为文化是管理者倡导、教师主导、学生主体实施而形成的文化。校园文化是为实现学校的培养目标，通过教育、学习、科研、管理、生活等各个领域的活动所创造出来的一种与社会、时代密切相关而又有校园特色的人文氛围、校园精神和生存环境。校园文化是学校赖以生存和发展的根基和血脉，是一所学校办学活力和竞争力的重要构成因素，是社会文化在学校的映射。校园文化对学生有着潜移默化的导向作用，直接影响学生思想和行为的形成和发展，并潜移默化地改变学生的生活方式和思维方式，具有潜在的教育功能和教育价值。因此，要在校园文化建设过程中发挥育人功能，就要把德育的内容渗透到各种校园文化活动当中，使学生在认同中接受教育，在教育中体会快乐，达到事半功倍的效果。

随着校园文化建设的不断深入，各项学校教育管理制度日益完善，如校园安全管理制度、校园秩序管理制度、学生奖励与违纪处分制度、学生宿舍管理制度等。通过评选先进班集体、模范班级、模范宿舍等活动，培养学生的集体意识和团队精神。其中，模范宿舍的评选活动，促进了学生宿舍由外到内的卫生整洁，也在一定程度上促进了校园环境的优化。学校还以讲座的形式，经常邀请一些知名学者就学生关心的热点、难点问题进行讲解分析，开阔学生的视野，提高学生的人文素质。针对中职学校的特色，学校还经常组织学生参加各种形式的社会实践活动，让学生在实践中了解社会，增强学生的社会责任感等。以上活动把学校德育工作与学生的日常学习和生活紧密结合，使学生全面接入学校的立体德育网络中，有效地促进了德育目标的实现。同时，学校利用校园里的楼宇校舍、一花一草等物质资源及本校的优良传统、舆论导向、教师示范等非物质资源对学生进行引导和教育。总之，通过开展环境文化教育、日常行为文化教育、宿舍生活文化教育、师生关系文化教育等活动，以期在陶冶学生情操、规范学生行为、培养学生集体意识和协作精神、形成学生健康心理等方面起到良好的作用。

学校的主题活动包括职业教育、团队教育、校园生活、法治教育等，通过举办校园主题活动，规范学生的各项行为，为学生的终身发展打好基础。

学生的课外活动一直是学校德育工作的重要载体。学校每年都会举办各种文体活动，包括体育比赛、歌手大赛、文艺表演、琴棋书画比赛等活动，在不同程度上提高了学生的吃苦耐劳精神、人文素养、道德素质、艺术鉴赏力以及审美情趣等，有助于其保持高昂、向上的精神状态，抵制不良文化的影响。例如运动会、学生励志演讲、技能大赛等活动可使学生激发潜能、挑战自我，树立必胜的信心和成功的心态。通过拓展训练活动，让学生点燃激情，超越自我，感悟人生，增强自信。在活动中，教师重视“成功教育”，充分挖掘学生的闪光点，以“我能行”的口号助其树立奋发向上的信心，调动学生潜在的积极心态，帮助学生明确具体的努力方向。学校组织的感恩教育，通过引导学生发现父母养育之恩、老师教育之恩、同学帮助之恩、社会关爱之恩等，在潜移默化中帮助其认识到感恩和回报之间的关系，启迪其做一个正直、善良、谦虚的人。通过日复一日，年复一年地培养，逐渐促进学生职业道德和专业纪律的养成。让学生在任何时候都守住自己的道德底线，同时发挥学生间的同伴影响作用，在学校形成一个富有道德影响力的德育氛围。中职学校“主题模块推进式”德育模式活动须在抓住中职学生德育共性的基础上，理解中职学生德育的特殊性，准确地把握学生的个性，增强德育的针对性和时代感，提高德育工作的实效。

学生的社团活动是对学生进行自我教育的一个重要途径，是对学生进行思想政治教育工作的新平台。学校的学生会和社团成员是一批积极向上，充满活力，有社会责任感、创新意识、爱心和奉献精神的学生。这样的群体精力充沛、朝气蓬勃，能为校园文化的蓬勃发展注入新的动力。通过学生值日、自我管理等社团活动，学生用实际行动提升自我，帮助他人，从而促进整个校园形成良好的活动氛围。

三、以学校、家庭、社会、企业等环境的优化，促进大德育工作体系的形成

中职学校“主题模块推进式”德育模式活动与其周围事物之间的有机联系，是德育运行机制赖以存在和发展的条件。德育运行机制的环境包括学校、家庭、社会、企业等。德育模式的运行需要优化德育环境，形成学校、家庭、社会、企业各方共同参与、全方位开展的大德育工作体系。

（一）注重家庭渗透

家庭教育是学校德育的补充，学校德育要在学校之外产生辐射和强化作用，就需要家庭教育的配合。只有两者相互配合、相互补充，才能形成良性循环。家庭教育对学生有着潜移默化的影响。然而在当今经济快速发展的社会，很多父母只顾赚钱，自身在教育观念、教育思想或教育方法上有所欠缺，如有的家庭把教育的重点放在孩子智力的培养上，而忽视了非智力素养的开发与提高，造成孩子出现任性、懦弱、懒惰、自私、冷漠等诸多问题。学校要建立家校互动的沟通平台，针对学生的学习和生活情况进行沟通和交流，经常组织家长会和家访活动，引导家长学习家教思想和家教方法，注重家校合作，避免家庭教育和学校教育的断层。

（二）利用社会启迪

学生的道德意识和价值观通过参与社会群体活动而获得。社会道德环境和道德发展趋势对学生有着很大的影响。现代社会，互联网信息技术发达，学校

可以利用大众传媒对学生进行德育引导，通过生动直观的多媒体手段，帮助学生在各种信息、社会思潮的碰撞中提高道德水平。另一方面，学校的德育文化可以影响和辐射社会，学校组织的工作实践、社区服务等活动，都可以向社会传递正面的价值导向。

总之，学校和社会在学生德育工作中是相互依存的关系。学校通过有目的地吸收、筛选、调节、整合社会德育的影响，实现德育过程的互动，保持学校德育内部系统的稳定。学校用引导与调控的方式，让学生在批判对待、合理吸收各种社会性影响的过程中实现道德成长，保持学校与社会的天然有机联系。

（三）重视企业需求

中职学生进入校园，期望掌握技术，未来能在社会上获得新的成就。学校德育活动要利用实习实训的契机，对学生进行品德教育。学生的入职培训、岗位适应教育、实习总结等都是德育活动的有效途径。在学生实训实习过程中进行德育，能够使学生在生产实习和社会实践中，不断提高劳动观念、职业意识、敬业精神、职业责任感，促进职业道德行为习惯的养成。同时，通过职业指导，引导学生树立正确的择业观，养成良好的职业道德，提高就业和创业能力。为取得良好的教育效果，学生实习过程中的德育工作需学校和企业共同参与。学校的德育工作应实行全程管理、全方位渗透的管理模式，德育内容应围绕企业的用人标准和岗位需求进行组织和教育。企业应在学生实践过程中组织德育，帮助学生检验自身理论知识掌握的程度，理解本专业理论知识与现实操作之间的距离，了解社会，关注民生，思考社会问题，全方位地提升自己认识社会的能力，充分了解市场对人才的需求，进而更好地丰富和完善自身。同时，学校可以把那些职场能手(尤其是本校的毕业生)请进校园，让他们做报告，以此培养学生的职业自豪感，形成良好的职业道德氛围。

中职学校“主题模块推进式”德育模式的运行离不开多方面主体的参与，要建立以学校为主的大德育工作体系，学校内部齐抓共管，全员参与。在外部，学校应重视家校合作、校企共育，使多方面的教育互为补充，共同做好德育工作。

第二节 中职学校“主题模块推进式”德育模式的动力机制

德育动力机制是德育理论研究的核心问题。内生动力机制涉及的是德育的内因，是德育形成和发展的内在依据，确保德育的正确方向，增进德育的承继性，是决定德育现实实效性的关键性要素。中职学生道德教育过程，实质上就是从学生的道德需要出发，通过提高他们的道德认知，并进一步将这种认知转化为道德行为的过程。

一、德育内生动力机制的内涵

所谓“内生”，是指由客观上人们共同活动和交往的社会关系结构、特定的活动方式及其条件等，向内、向下提出了一定秩序或规则性的要求。德育内生动力机制就是在现实生活中，德育主体在追求德育实践的内在过程中，构成要素之间相互作用的机理与方式。

其基本要点包括以下三个方面。

（一）德育的内生动力来源于主体的德育需要

人的需要是人有意识的活动的动因和动力，是人活动的动机和目的的内在根据。因此，“需要”是一切行动的源泉和动力。人的需求分为生存需求、享受需求和发展需求。德育的内生动力来源于主体的德育需要，包括人的内在需要和实践需要。

（二）德育内生动力机制是一个持续的从德育需求到德育实践的转化过程

德育过程的本质是在活动和交往中，教育者借助一定的教育手段，把一定的社会思想、道德转化为受教育者个体思想品德并使之践行的过程。即在道德践行之前，作为道德的行为主体通过道德知识的选择，内化到心灵深处，形成道德信仰，最后在生活中践行。同时，在践行的过程中反过来也可以促进主体对道德需求的提升。德育的转化过程是一个解决主客观矛盾的动态过程。这个过程需要解决两大矛盾，其一是解决利益与道德的矛盾，其二是解决道德认知与道德行为的矛盾。道德认知和道德行为是德育过程中的两个关键因素。光有道德认知，道德只是一个摆设而已，只有将道德认知转化为人的自觉行为，道德才具有社会意义和社会价值。这种矛盾的解决离不开德育主体的合理抉择。

（三）受教育主体始终是德育内生动力机制的关键因素

一是受教育主体参与德育内生动力机制的全部过程。受教育主体的思想、行动、需求，都是德育内生动力机制的关键要素，这些要素的相互作用决定着受教育主体的德育动力。二是其他的德育主体（包括教育主体、社会主体等）都是为了受教育主体更好地接受德育而工作。受教育主体愿不愿意接受德育、接受德育的程度如何、接受德育的效果如何，直接影响德育内生动力机制的实效性。把受教育主体作为德育内生动力机制的关键因素，就要尊重受教育主体的主体性。

二、动力机制的组成要素

从以上的分析可以得出，在德育过程中，德育内生动力机制是不断从德育需求到德育实践的转化过程，在这个过程中参与的要素有：道德需要、道德抉择、道德认同和道德信仰。道德需要是动力源泉，道德抉择是驱动力，道德认同是调控机制，道德信仰是精神力量。这四者构成一个完整的逻辑结构，相互推进，决定着德育动力开发、动力培育、动力转化和动力分配的价值和发展方向，最终使受教育者养成践行良好的道德行为的习惯。

（一）道德需要——动力源泉

人行为的动因是什么？马克思指出：他们的需要即他们的本性。任何人如果不同时为了自己的某种需要和为了这种需要的器官而做事，他就什么也不能做。马克思主义唯物史观科学地揭示了人类行为的动因，从哲学和社会学层面揭示了需要是人类一切行为的前提，是人类一切活动的原动力、出发点和归宿。

1.道德需要释义

现代心理学认为，需要是个体感到缺乏而力求获得满足的心理状态，需要是个体行为的原动力，是行为积极性的源泉。现代心理学从心理层面揭示了需要是人的行为的基点。道德需要是在人们对道德所具有的价值认识基础上产生的，也是制订并自觉遵守道德原则和规范、践履道德要求的心理倾向。对中职学生群体来说，中职学生的道德需要是中职学生道德行为发生的原动力，是中职学生道德活动持续进行的推动力，是中职学生道德行为积极性的内在源泉。没有道德需要就没有道德的产生和发展，也不会有与道德相关的所有人类行为。正如我国著名心理学家林崇德先生在《品德发展心理学》一书中指出：儿童与青少年品德结构的任何一种特征（道德认识、道德情感、道德意志和道德行为），都来自需要这种内部动力。

就性质而言，如果从辩证的角度来看，道德需要既可以是善的，也可以是恶的。由此，我们可以把道德需要分为善的道德需要与恶的道德需要。善的道德需要就是指那些有利于社会的进步、大多数人的幸福以及社会物质文明和精神文明发展的道德需要；而恶的道德需要则是指那些不利于社会的进步、大多数人的幸福以及社会物质文明和精神文明发展的道德需要。善和恶都是以利益为深层基础，总是和人们的利益相联系。人们也往往是根据自身利益和社会利益，自己和社会的意向、愿望和要求来判断善与恶。善的道德需要可以理解为合理的道德需要，恶的道德需要可以理解为不合理的道德需要。一个人的道德素质的提高是通过不断培育善的道德需要、克服恶的道德需要来实现的，且整个人类的道德发展史，从本质上来说也是善的道德需要不断克服和战胜恶的道德需要的历史。

2."主题模块推进式"德育模式对道德需要的培育途径

中职学生道德教育过程，实质上就是从学生的道德需要出发，通过提高他们的道德认知，并使他们进一步将这种认知转化为道德行为的过程。在这个过程中，学生的道德需要是基础，是内在动力，中职学生养成良好的道德行为习惯是最终目的。只有深入了解中职学生的道德需要，才能有针对性地对中职学生实施道德教育；只有真正激发学生的道德需要，才能有效引导中职学生自觉地修身养性。因此，应从以下几方面入手，有针对性地对中职学生进行道德教育。

（1）考虑受教育者的成长环境和心理特点。

中职学生年龄一般在15～18岁之间。从心理学观点来看，他们属于青年初期，是身心发展最迅速、最旺盛、最关键的时期，也是各方面发展的最佳时期，又称为人生的黄金时期。但是，中职学生是一个特殊的群体，他们的内心世界极不稳定、极不平衡，具体表现为：自卑感严重，但反抗性强；思想意识活跃，但学习动机缺失；渴望得到认可，但人际关系处理能力差；自我意识增强，但自控能力不足；等等。每个人生活的环境不同，在未来的学习生活中的需要也不一样。马斯洛除了将需要分为生理需要、安全需要、归属与爱的需要、尊重的需要、自我实现的需要之外，还将人的需要区分为缺失性需要和成长性需要两大类。生理、安全、归属与爱、尊重的需要属缺失性需要。缺失性需要来源于实际、感知到的环境或自我的缺乏，个体只有从外界环境中寻求物质、人际交往、社会地位等条件来满足这些需要，因此，缺失性需要的满足依赖于环境和他人。部分中职学生存在着打架斗殴、故意旷课、说脏话、乱扔垃圾、对网络虚拟世界过度依赖等问题，在某种程度上可以折射出他们内心对尊重、爱与归属、安全等需要的渴望。所以，道德教育者有这样的责任和义务，也必须有这样的能力和素质，去帮助受教育者正视自己的需求，积极地满足正当需求。调整需要满足过程中的异常和不当行为，并在此基础上，引导和激发受教育者高层次的道德需要和精神追求。同时，在教育过程中，让受教育者感受到关爱、温暖、真诚、信任、尊重、理解、肯定和欣赏，使其基本的需要得到满足。其中，结合这一时期学生的特点，尤其应重视满足学生对归属与爱的需要和尊重的需要。

（2）考虑受教育者的年龄特征。

处于青少年时期的个体，随着年龄的增大、文化的增长、社会道德的介入，其头脑中的道德“亚理性表象”经过进一步深加工——道德判断、分析、选择、定向，形成了道德“理性表象”。这时，还需要考虑受教育者的道德接受能力。道德接受能力是一个很宽泛的概念，本书主要指受教育者在德育过程中所表现出来的对外来道德信息进行反应、理解、辨析、推理和选择的能力。实践证明，道德接受能力的高低，从根本上决定着外在的道德要求和道德需要的转化程度。一般来说，道德接受能力越强，对外在道德信息的接受水平就越高，反之就越低。如在观察学习中，榜样在何种程度上能为个体所观察和效仿，往往取决于个体的道德接受能力。道德接受能力高的个体往往能较深刻地理解榜样，并有效地模仿榜样，通过这种有效的模仿，使相应的社会道德要求成为他们自己的内在需要。

（3）考虑受教育者的结构和条件。

个体的需要（包括道德需要）并不是由他人的主观意识所决定的，而是根源于不同个体的结构与条件的特殊性。个体自身有什么样的结构和条件，就会对客体产生什么样的道德需要，建立什么样的道德关系。只要个体的结构和条件不改变，别人就无法用其他的需要去代替他的需要。所以，教育者要培养受教育者的道德需要，就不能单凭说理、说教甚至强制的方法去实现，而应当重视受教育者自身结构和条件的变化，如组织大量的社团活动和公益活动，让缺乏社会实践的受教育者适当参加社会实践活动，以培养其爱和归属的需要和尊重的需要；让受教育者参加各种形式的集体活动，以培养学生为他人、为集体服务的道德需要等。当然，个体结构与条件的改变是一个综合工程，需要家庭、学校和社会的协同努力才能得到充分实现。

（二）道德抉择——驱动力

从道德需要到道德行为的转变过程中，受教育主体的抉择是关键环节。抉择即选择，是人们依据一定的标准在多种道德可能性之间或在某些矛盾冲突的复杂情境中，经过一系列心理活动做出的取舍。道德抉择是人生需要面对的诸多选择中最基本的选择。在现实生活中，无论是自觉还是不自觉，人们总是用善恶、正义与非正义、人道或不人道等道德概念来评价他人或自己的各种行为，并据此进行道德抉择。道德抉择不仅是道德行为的开端，更是道德行为的指南。一般来说，有什么样的道德抉择，就会有什么样的道德行为。因此，道德抉择的过程也就是明辨行为的善恶和行为的责任，在多种可能性中进行权衡的过程。多元化的需要、多元化的价值取向以及需要与利益实现的多元化的方式涉及多重利益关系，使人们难以取舍，陷入道德冲突中，这是道德抉择产生的内在原因。

1.影响道德抉择的因素

（1）道德判断力。

道德判断力的高低决定着道德抉择的正确性，是道德认知的集中体现和主要标志。它既可以指个体根据已有的道德知识对道德现象做出善恶判断的能力，又可以指个体的道德态度外化为特定的行为决策的能力。瑞士心理学家皮亚杰强调，道德选择中的认知成分，特别是儿童的道德判断是与智力的发展平行的。皮亚杰从两难问题的研究中得出道德判断呈现如下几个特点：第一，道德判断从他律到自律。年幼儿童以成人的判断为判断，年长儿童则能够根据自己的观点做判断。第二，道德判断从效果到动机。年幼儿童根据其行为的后果进行判断，年长儿童根据其行为的动机做出是非判断，最后综合动机与效果做出抉择。第三，对错误行为的处理，从笼统的惩罚到针对性的惩罚。停留在他律阶段的孩子认为，一个人如果犯了错误，应该承受痛苦，任何可以使其感到痛苦的处罚，如打、骂、不许玩玩具等均可施予。也就是说，他们所认可的处罚方式与犯错误的类型不一定有关联。但进入自律性道德阶段的孩子则较多地认为，处罚的方式应与犯错误的状况结合起来，好让犯错误的人在接受处罚时，清楚其错误所在。比如，打破了邻居的玻璃，就让其拿零用钱去买了玻璃来赔；在游戏场合殴打他人，就不让其继续玩游戏。科尔伯格的研究也支持道德判断能力的发展取决于智力发展的观点。

（2）个人利益。

人的活动的目的，正如马克思所指出的：人们奋斗所争取的一切，都同他们的利益有关。这就是说，人的一切社会活动都围绕着利益而展开。在现实生活中，人们在能够从容地进行道德选择的时候，一般包含两个方面的权衡：遵从道德的代价和违反道德成本的权衡，以及遵从道德的代价与获得道德回报的权衡。道德回报是人们以利益作为对个体行为善恶责任或其道德品质高低的一种特殊道德评价和调节方式，即社会生活中的组织或个人自觉或自发地在评价道德主体的行为动机和效果的善恶基础上，对行为主体进行的物质或精神等方面的奖惩和褒贬。道德回报来自个体主体和外部社会，即主体性回报和非主体性回报。主体性回报是指道德主体对自我道德行为的回报，即因其道德行为而获得的情绪体验。例如一个人以利他的道德规范约束自己时，获得道德心理上的慰藉，从而在道德世界中肯定自己。道德行为的非主体性回报，是指社会对道德行为的一种肯定和保护，或者对不道德行为的否定和惩罚。非主体性回报既有精神层面的，也有物质层面的。精神层面的回报如通过媒体宣传使有德者获得鼓励。物质层面的回报如为有德者设立相应的奖励制度，也可以通过提供学习深造机会、就业推荐等方式来体现。既可以通过社会舆论、风俗习惯、榜样典型来进行“软约束”，也可以通过法律以及其他各种硬性制度和规范来“硬约束”。通过这种制度保障，使中职学生明确道德选择能力高的人不会遭受实际利益上的损失，相反能得到一定的回报。但是，我国正处于经济发展的转型期，人们对经济利益的追求往往大于对高道德评价的追求。大街上摔倒的老人没人敢扶、公车上的偷盗行为没人制止等，这些都是行为主体对违反道德成本和道德行为回报权衡之后，表现出的道德淡漠和道德行为缺失。在以上情况下，道德成本和道德回报都很低。因为，在道德回报机制的引导下，学生的道德选择也有可能是一种违心的虚假选择，因此，只有把道德回报的他律性与学生的自律性有机结合，才能突破学生道德选择的局限性，使学生道德选择活动更加理性化和现实化。

（3）道德情境。

在个体道德选择中，道德情境是指个体生存空间的各种主客观条件的总和，是具体个体在进行道德选择时的自然环境、社会环境和精神环境的总称。具体讲，就是日常生活中的个体，在处理人和人、人和社会、人和自然的关系中所遭遇的环境。如果道德情境同个体的道德价值体验、道德需要相一致，那么，它就能促进个体对自己行为趋向做出积极评价，促使个体进行道德选择；相反，道德情境如果同个体的行为动机相悖时，那么，它就可能干扰个体的认知活动，使个体无法认识客体和自身的行为价值，因而就可能导致道德判断失误和引起内在道德冲突，进而影响个体的道德选择。

道德情境对道德行为具有定向调控作用。道德情境通过对道德情感的感染和影响，支配和调控着个体道德行为的发展方向，从而直接影响个体对行为的选择。道德情境对个体的行为选择的影响有两种不同的情况。一是积极的影响。这种影响是无形的、潜移默化的。在良好的道德情境中，个体会产生一种良好的道德情感，会自觉遵守道德规范，会同不道德行为做斗争，比如在环境优美、道德风气良好的校园里，人们会自觉遵守校园规定，自觉维护校园秩序。二是消极的影响。比如在脏乱差的环境中，人们容易产生不良观念，不会自觉维护公共道德。

2.“主题模块推进式”德育模式对道德抉择能力的培养途径

（1）培养道德认知力，夯实道德抉择能力的基础。

道德认知力，即道德主体对道德现象和道德知识的反映、理解和掌握的能力。道德知识是道德能力的基础，没有必要的道德知识，就不可能具有较全面的道德能力，或者说这种道德能力是短暂的、应时的、肤浅的。反之，道德能力是道德知识的深化与证明，一个人如果只有道德知识而没有将其转化为自主的道德能力，那么他不可能成为一个道德自律的人。中职学生的许多错误的道德判断和行为选择，原因并不是道德主体的道德品质不好，而是由于对道德知识的认识不够系统，对道德的理解有偏差。因此，当前的道德教育应该注重对学生的道德认识的系统教授，应该把重点放在澄清和纠正学生的思想偏差上。所以，在课程模块中各个学科都应渗透并通过一些主题活动和校园文化的熏陶，来提高学生的道德认知力。在课程教学中，师生关系应从服从权威走向平等对话，教学方式应从理论说教走向互动交流。通过创造道德情境，采用讨论、辩论等对话方式或角色扮演、网上交流等形式激发中职学生的主观能动性，使中职学生在积极的道德思考中深化道德认识、提高道德选择能力。

（2）提高道德判断力，明确道德抉择的方向。

道德判断力，即道德主体运用道德知识对道德问题加以辨析，做出正确的是非善恶的判断和评价的能力。叶圣陶说过：“教，是为了今后不需要教。”“不教之教”是教育的最高境界。道德作为一种内在的调节机制，归根到底还是要靠自我教育来完善。因此，应该重视中职学生的自我意识、自我训练、自我检查、自我分析、自我评价、自我批评等能力的培养，引导学生运用学习、自省、慎独等方法主动提高自己，通过写思想日记、举办自律座谈会等方式，自觉履行社会道德原则和道德规范，并表现出一种良好的、稳定的心理状况，在不断自律自省中提高自己的道德判断力，进而提高自己的道德选择能力。

（3）强化道德行动力，突出道德抉择能力的实效。

道德行动力，即道德主体在道德实践活动中的自律和躬行的能力，是道德个体养成社会精神的条件和保障。中职学生在道德认知教育中获得的道德知识，只有在实践中才能获得检验、巩固和完善。学生道德选择能力的发展需要有一个良好的道德环境。在良好的道德氛围下，鼓励学生参加道德实践活动，一方面让学生感受社会道德生活，加深道德认识，丰富道德情感，增强道德意志；另一方面鼓励学生加强创新意识，积极去分析新的道德问题，正确认识负面的道德现象。同时，中职学生应该学会捕捉蕴含新的道德生命力的社会规则，提出新主张，主动自觉地进行道德评判和选择。要鼓励学生积极参与学校和社区精神文明建设，如参加青年志愿者行动、爱心募捐活动、无偿献血活动、社区服务活动等。另外，还可开展丰富多彩的校园文体活动，培养学生的社会交往能力以及合作精神，培养学生自信、自立、自尊的人格品质和乐观向上的生活态度。这些隐性的道德教育活动对一个人的道德选择能力培养有着潜移默化的作用。

（4）道德抉择的制度保障。

道德抉择的制度保障主要是要建立多元的道德评价机制和建立道德回报机制。从多元的道德评价机制方面看，“主题模块推进式”德育模式中推进内容共包括了 18 个方面，因此将从这 18 个方面对“主题模块推进式”德育模式进行评价，改变了以往的单一的评价机制，更注重学生德育过程评价。根据这样的条件和原理，可以实行德育学分制。所谓德育学分制，就是将德育的内容和环节学分化，将德育的过程和结果成绩化。德育学分一般由德育基本分、奖励分和扣分三部分组成。德育基本分是对学生的基本德育要求、德育活动以科目化、活动化的方式加以规定并将其量化的一种形式，内容包括政治学习、党团活动、志愿者或公益活动等实践活动和日常行为等几个方面；奖励分是对超额完成所规定项目的量和表现优良的学生施以奖励的分数；对于违背所规定的各种项目规范、未完成所规定的各种活动或旷课等违章违纪者，则给予扣分。德育学分制作为德育的一种辅助手段，有利于将德育落到实处，并从制度层面上对学生的道德选择能力加以衡量。建立道德回报机制。学生在选择了合适的道德行为之后，学校要及时通过在课堂教学、全体师生大会上给予物质或精神的奖励，在学生择业的时候给予重点考虑等方式来强化学生的道德抉择能力。

（三）道德认同——调控机制

道德认同是驱动中职学生道德行为的重要因素，是道德抉择转化为道德行为的重要的自我调节机制，是激发道德行为的重要动机。道德认同是指生活于一定社会历史时期的人们对社会所形成的道德观念和所提倡的道德规范从理性和情感上予以认可并内化的过程。它是主体对一定道德对象认知和趋同的过程，也是对自身道德图式的重构、确认和实现的过程。这一动态过程实际上是人与社会的互动过程，离开了人与社会的互动，道德认同就不可能发生。道德认同与道德行为呈正相关已成为一种共识，如阿基诺、里德等人发现，道德认同与大学生自我报告的志愿服务行为(帮助弱势者和适应不良者）呈显著正相关，与高中生的实际捐赠行为呈显著正相关；阿诺德发现，青少年的道德认同与教师评定的道德行为呈显著正相关；普拉特等人发现，青少年的道德认同与社区参与(如捐款、助人、政治参与、志愿服务等）呈显著正相关；巴里加等人发现，青少年晚期的道德认同与反社会行为呈显著负相关；沃夫拉发现，大学生道德认同与学术作假行为呈显著负相关。

1.道德认同的影响因素

道德认同是人与社会的一个互动过程，所以，人际关系的道德特征或道德氛围对个体道德认同的形成具有重要影响。道德认同的影响因素有以下几个方面。

（1）家庭关系。

家庭关系和睦，孩子幼年时亲子关系亲密，形成积极联结，即安全依恋的经验，长大后参加社区的志愿服务的意愿更高。

（2）朋辈关系。

巴里、温策尔发现，当朋友之间存在较强情感联结且互动频繁时，朋友的亲社会行为能影响个体对道德目标(比如助人与合作）的追求。达蒙认为，朋辈互动对青少年自我同一性的发展极为重要，因此积极的朋辈关系可以促进道德成长。

（3）社区或团体道德氛围。

个体对团体及其规范的认同会形成一种“道德氛围”，这种积极或消极的道德氛围可以促进或削弱个体道德，班级、学校以及其他社团作为一个团体，其形成的道德氛围对少年的道德认同发展有重要影响。科尔比认为支持道德的校园文化对道德发展至关重要；达蒙等人甚至提出青年纲领计划(Youth Charter)，意图在包括学校、社团在内的整个社区形成对青少年一致的道德规范和期望，以促进青少年道德认同。

（4）道德行动机会。

道德认同和道德行为的关系并非简单的单向因果关系。尤尼斯等学者认为，尽管道德认同可以激发道德行为，但是道德行为也可以发展和巩固道德认同，从发展的视角看，德行与认同互为因果、相互促进。尤尼斯等人对青少年社区服务的研究为上述观点提供了支持，发现参与社区服务可促使青少年反思社会的政治组织与道德秩序以及个体在其中的能动作用，有助于青少年发展社会历史感，认同超越性价值与理想，进而形成道德认同。

家庭关系、朋辈关系、社区或团体道德氛围从本质上讲都可归结为人际关系的道德特征，道德行动机会在很大程度上也意味着参与道德性人际关系的机会。宏观层面的社会结构需通过具体的人际互动才能对道德认同的形成产生影响。道德实质上是调节社会人际关系的规范，道德认同意味着个体在具体的社会人际关系中通过社会学习机制将道德规范内化。因此，社会人际关系的道德特征或氛围对道德认同的形成有着最为直接和重要的影响。哈特的道德认同形成模型形象地说明了道德认同的影响因素，如图 5-1。

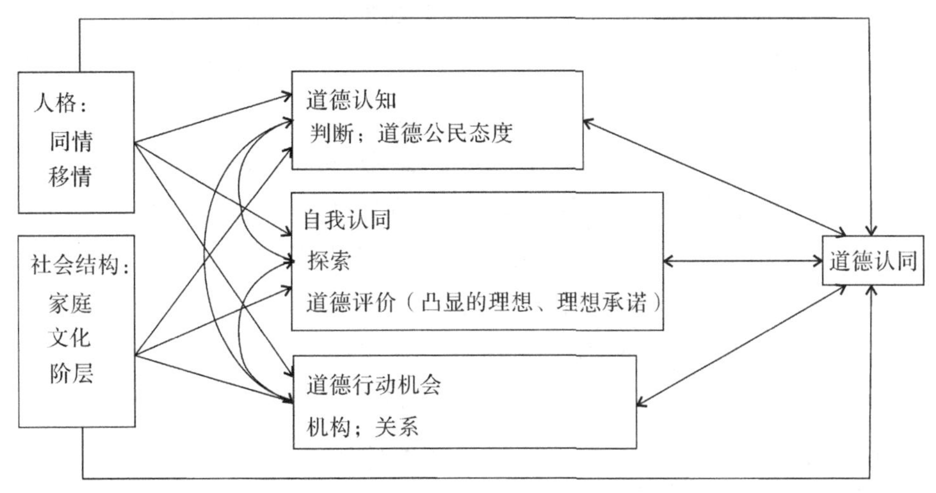

图 5-1　哈特的道德认同形成模型

2."主题模块推进式"德育模式对道德认同的培养途径

（1）在校园环境中创设良好道德氛围。

积极或消极的道德氛围可以促进或削弱个体道德认同。为了使中职学生在校园环境中形成良好的道德认同，首先，学校应开设道德必修课程和道德辅助课程，弘扬“诚实、友爱、助人、奉献、真诚”等优良道德品质。在专业课程中也要重视融入德育内容，将道德讲堂纳入人才培养方案，使道德教育成为学生的必修课。其次，加大宣传力度。一方面大力宣传社会上涌现出的一系列道德楷模及其先进事迹，如对“最美”精神、“感动中国人物”等道德事件和人物进行各种途径的宣传。另一方面坚持用“身边人讲身边的事，身边人讲自己的事，身边事影响身边人”的工作理念，大力宣传校园里的道德模范和道德故事以感染学生。宣传形式可以多样化，加强传统媒体和新媒体的使用，尤其要重视微信、微博等新媒体的应用，开辟网络道德讲堂、网络道德评议，实现道德教育网上网下全覆盖，做到“学生在哪儿，思想政治教育工作就在哪儿”。最后，开展以道德为主题的班会和讨论会，如讲述真实的道德故事，可以让学生迅速提升道德敏感性，引导学生的道德情绪。

（2）构建道德实践体系。

道德认同能激发道德实践行为，道德实践行为又能发展和巩固道德认同。从发展的视角看，德行与认同互为因果、互相促进。提高道德认同，还需道德实践。美国教育家理查德·哈什说过：虽然行动不是地道的道德范畴，但若没有机会行动以及行动后的反思，道德发展很难发生。道德实践是道德教育的落脚点。在道德实践中进行反思和提炼可以进一步巩固和发展个体道德认同水平。在构建学生道德实践体系时，首先，应建立道德实践基地。通过开展评选优秀模范寝室和教室等活动，并将其纳入德育学分制，可以从根本上解决中职学校德育教育“两张皮”的现象。如在文明寝室建设过程中考查学生在寝表现，让学生在寝室里实践互帮互助、团结友爱、友情真诚、勤俭节约、卫生自理等道德品质。其次，丰富第二课堂的道德实践活动。尤其是注重社团对学生道德实践活动的重要意义。开展学习型道德实践活动，如开展以“道德”为主题的辩论赛、征文比赛、读书会等活动，寓教于乐。开展亲社会行为的道德实践活动，尤其是大力开展中职学生志愿服务活动，如环保宣传、爱心支教、募捐、无偿献血、照顾孤寡老人等志愿服务活动，让学生在道德实践活动中内化道德品质，提升自身的道德认同。

（四）道德信仰——精神力量

道德信仰是德育内在动力机制的精神力量的来源。道德信仰是信仰的一部分，没有对道德的信仰，人们的道德品质、道德行为就无从谈起。信仰是人类所独有的精神活动。梁启超先生说：“信仰是神圣，信仰在一个人为一个人的元气，在一个社会为一个社会的元气。”道德信仰，是指人们基于道德对个体和社会存在发展的价值认识，以及在道德理想与道德现实的张力作用下产生的对道德（包括道德规范、道德理想和道德人格）的笃信与崇敬，并以此设定人生目标，付诸道德行动的特殊情感。道德信仰是情感与理智的结合，是现实性与超越性的辩证统一。目前，大部分中职学生存在着道德滑坡、行为失范等问题，这在很大程度上是由于他们道德信仰缺失。因此，要提高学生的道德素养，必须积极地探究学生道德信仰缺失问题。

1.道德信仰的缺失对道德生活和道德教育所带来的危害

(1)道德理想的丧失。

人既是一种物质性的存在，也是一种精神性的存在，人性是物质性和精神性的统一。人的精神性是对物质性的超越，而正是人的精神性使人和动物区别开来，精神成为人之所以为人的根本所在，没有了精神上的追求，人的生活就不能称其为人的生活。道德理想是人对自己的道德生活所期望的目标的设定，指引他们的道德生活趋向高尚、善良和幸福。然而，道德信仰缺位必然导致人的道德理想的丧失。丧失了道德理想，人的生活就会屈从于物质欲望的支配和控制，成为物化的人。

（2）道德情感的冷漠和麻木。

首先，有道德信仰的人肯定是善良、诚挚、富有同情心和助人精神的人，对美好的事物有关切之情的人，反之，则会对他人漠不关心。道德情感上的冷漠和麻木使人只关注自身的利益，而忽略了自己对他人的道德责任。任何一个人都不是孤悬于世的生命，而是与他人共存的。道德情感冷漠和麻木的人恰好忘记了每个人都是一个群体性的存在，任何人不可能离开他人而独立存在，使得他在否定他人的同时也否定了自身。其次，有道德信仰的人一定是一个道德自律者，外在的表现是他们能够按照道德规范和要求自觉主动地履行道德责任和义务，而无须外在的强制。若有道德信仰的人没有履行道德责任和义务，会羞愧、内疚和自我谴责。相反，一个道德情感冷漠和麻木的人，对道德责任和义务是漠视的，即使在外力的迫使下，按照道德规范的要求去做也是违心的。甚至没有道德信仰的人在做了违背道德规范要求的事情而没被他人觉察时，会产生侥幸心理。最后，道德信仰的缺失和道德情感的冷漠和麻木还会使人对他人的道德行为漠然处之。2008 年 5 月 6 日，重庆市江津区一位年仅 11 岁的小学四年级学生，在公交车上看到一位中年男子行窃，上前制止。小偷停止了偷窃行为，但对小学生进行了报复。然而，这位学生的见义勇为行为竟然遭遇了集体的沉默和冷遇。当小偷在公交车上殴打这名学生时，数十位成人竟然无动于衷，他们的道德冷漠和麻木表现得淋漓尽致。

2."主题模块推进式"德育模式对道德信仰的培养途径

道德信仰是人行动的精神力量的来源，是道德教育的最终结果，是一个人精神面貌的体现以及思想与行为一致和言论与行动一致的主要标志。道德教育的根本目的就是帮助学生树立道德信仰，尤其是在道德信仰普遍缺位的状况下，重视道德信仰的培养就显得尤为重要。

（1）要强调具有普遍意义的核心价值理念。

对于道德教育来讲，尽管在不同时代和不同的社会背景下，所需要传授的具体的道德教育内容是不一样的，但是从整个历史发展的角度来看，总还是存在超越历史时空的适应于大多数时代背景的普遍的道德精神和道德价值理念。它包括要做一个善良的、富有同情心的人；对坏事不能置之不理，要同不道德现象做斗争；在享受别人创造的财富的时候，要懂得珍惜和尊重；生活中的一切幸福和欢乐都由劳动所创造，不劳动就不能正直地生活；等等。在道德教育中要强调学生应具备的基本和起码的道德素养。学生只有具备了这些素养，才会理解道德对于自身生活的意义和价值，才会把过有道德的生活作为自己的理想和追求，从而促进自身精神境界的提升。

(2)要注重环境教育的影响。

人是群居动物，所以，个体的道德发展状况在一定程度上受制于其所处的道德环境。环境对德育的影响往往是以潜移默化的，不知不觉地产生的，而影响又是深刻和深远的。历史上的孟母三迁的故事就是注重环境教育的例证。环境包括整个社会形成的大环境和以某个组织或单位形成的小环境。在我国现实的道德生活中，以往所为人赞赏和肯定的道德品质，在"变味儿"的社会环境下已不再受人推崇，老实人吃亏的现象普遍发生，导致许多人也"聪明"起来，诚实的人就越来越少。在中职学校这个环境中，要通过必修课程、辅助课程、主题活动、校园文化等来营造良好的德育环境氛围，使学生信奉正义、善良、诚实、奉献等。学生一旦形成这种信仰之后，又通过这个群体形成一个道德环境氛围，从而影响社会这个大环境。

(3)要认识到道德信仰的形成需经受时间的磨炼。

道德信仰不是一朝一夕就可以形成的，而要经历一个相对较长的过程。道首先是人们对某种道德价值或观念的认同，然后内化，再到行为，由相信它到把它作为一种信念，然后再上升到把它作为信仰去尊崇和作为自己的行为准则。所以，在道德教育实践中，教育者就必须有耐心，要认识到在学生成长为真正具备良好道德品质的人之前，可能会犯很多错误，受到很多挫折。老师要把握契机加以引导。因此，耐心是教育者的一大美德。但是，耐心不等于无动于衷，也不是事不关己的冷眼旁观，耐心意味着更多地留意学生的发展，给予学生更多的积极期待。另外，在学生的道德信仰的形成过程中，也会出现反复和质疑，这是正常的，只有这样，学生对道德价值和道德理念的认识才会逐步深入，直到确信其可以作为自己的道德信仰为止。

德育之所以经久不衰，关键就在于有一整套较为完善的动力机制，而在诸多的动力机制中，居于核心和关键地位的是德育内生动力机制。它内在地包含了一种使人获得“人的本质”的德育价值追求的动力构造要素、一种德育文化创造的动力构造要素和一种德育需要过程的动力构造要素。德育内生动力机制，其功能作用是多向度和多元的，从其根本性质上来讲，德育内生动力机制是德育存在和发展的内在关系机制；从其基本功能上来讲，德育内生动力机制确保了德育的正确方向；从其核心特征上来讲，德育内生动力机制增强了德育的承继性。

第三节　中职学校“主题模块推进式”德育模式的评价机制

在《现代汉语词典》中，机制泛指一个工作系统的组织和部分之间的相互作用的过程和方式。”因此对“机制”一词的定义应该包含着四个要素：事物变化的内在原因及其规律、外部因素的作用方式、外部因素对事物变化的影响和事物变化的表现形态。评价机制是指评价的机构、体系和制度。德育评价，就是教师、学生群体（包括学生自己），依据一定的社会评价标准，对学生的道德品质做出的价值判断。通过以上分析，本书认为中等职业学校德育评价机制是指：中等职业学校根据一定的教育价值观或德育目标，运用可操作的科学方法，对学生德育工作系统中各元素之间相互作用的过程和功能，进行价值评价而形成的一种制度。它可以理解为：评价主体间各种关系的总和，包括评价的内容、评价的标准、评价的方法等。

一、中等职业学校“主题模块推进式”德育模式评价机制研究的背景

德育是学校实施素质教育的重要组成部分。它贯穿于学校教育教学的全过程和学生日常生活的各个方面，渗透在智育、体育、美育和劳动教育中。对青少年学生健康成长和学校工作起着导向、动力和保障的作用。

德育评价是调节德育运行机制、优化学校德育过程、检验德育实践效果的重要环节，也是促进学生在德育过程中自我检查、自我调节、自我完善的重要手段，更是推动德育科学化、提高德育有效性的重要载体。

但是传统的德育评价却存在着许多问题。第一，传统德育评价往往会陷于两种极端，表现为：表面性评价过多，即所谓的做表面文章；模糊性过强，结果是“走走听汇报、看看凭感觉”。第二，从传统德育评价主体来看，以教师特别

是班主任的评价为主，评价主体单一，造成评价欠客观、欠全面。第三，从德育评价手段来看，常用的方法是教师给学生写学期或学年评语，组织各类积极分子的评比，开表彰大会或通报表彰等，没有细化到日常学习、生活、工作中。第四，从德育评价内容来看，评价范围比较狭窄，没有涉及亲情、友情、责任心、抗挫折能力、协作意识、自控力等与学生健全的人格相关的内容。以上问题在很大程度上影响了评价的效度和信度，不利于个体的发展。

在理论和实践中，人们关注和重视的是提高中职学生道德素养的必要性和紧迫性，以及改变中职学校德育教育的内容、方法和培养途径等，却忽略了对中职学生道德水平评价的改革和研究。正确且恰当的教育评价方法是协助达成教育目标的重要手段。但是从某种角度来讲，德育是很难进行量化和客观性评价的，因为德育需要一个过程，更需要长期的积淀。所以把德育工作如实地反映出来并用分数加以量化评价，从某种角度来讲是一项“不可能的任务”，这是德育自身特点所决定的。从某种意义来说：德育不能量化考评是真实的，准确地量化考评是不真实的。这并不是说不能对学校的德育工作进行评价，恰恰相反，只有建立在这样的认识基础上，我们才能如实地去了解一所学校的德育情况和质量。每个学校都要结合德育实际，适当地更新德育评价机制，才能促进学校德育工作更好开展。

同时，要贯彻和落实中央关于加强和改进未成年人思想道德建设的战略部署，关键是要有一个健全的制度做保证。因此，建立和完善一系列考核和评价机制是加强和改进学校德育工作的关键。在“主题模块推进式”德育模式中进行的对学生道德评价的探究，更关注的是学生的现在和将来以及学生道德水平的养成和发展过程，强调主体的多元性、方法的多样性、评价的过程性和内容的融合性，以及评价操作的简便易行、符合规律，目的在于倡导评价应指向学生能力的提高。

二、中等职业学校“主题模块推进式”德育模式评价的目的及功能

中等职业学校“主题模块推进式”德育模式评价的目的是改进德育工作者的

工作方式和提高学生的道德素养，创造出适合于学生的评价模式。“素质冰山理论”认为：人的能力素质包括冰山以上的基本知识、基本技能等显性部分，它是外在表现，是容易了解与测量的部分，相对而言也比较容易通过培训来改变和发展；人的能力素质也包括冰山以下的社会角色、自我形象、特质和动机、态度等隐性部分，是人内在的、难以测量的部分。隐性的能力素质不太容易受到外界的影响而改变，却对人的行为与表现起着关键性作用。对社会角色、自我形象、特质和动机、态度等方面的教育属于德育内容，是影响一个人发展的重要因素。正因为德育评价的重要性，所以，需要建立一种可以贯穿于整个德育培养过程，能及时发现、反馈、修正、解决问题，达到促进学生发展、提升道德修养、促进道德行为的目的，从而达到中等职业教育服务经济发展，为社会输送合格的劳动者的终极目的的评价模式和评价制度。

在中等职业学校“主题模块推进式”德育模式评价机制中，评价的目的是和一所学校的文化主题相统一的，评价的功能以导向、激励、调控等教育功能为主。通过评价，使学生看到自己的成绩，激发起改进和提高的内在需要和动机，增强信心，努力改正自己的不良行为，从而达到提升思想水平，促进自身全面发展的目的；在评价过程中运用反馈的原理，老师将评价信息及时反馈给学生，达到及时强化正确的教育行为，及时调整矫正不当的教育行为的目的，从而使教育过程不断得到优化。

三、中等职业学校“主题模块推进式”德育模式评价的原则

德育客体是德育工作的对象，是德育活动的制造者、参与者和受益者。青少年学生的自身特点及其在国家未来发展中的地位与作用使之成为德育客体范畴中的主体。

学生作为学校德育工作的客体，既具有总体上的相似性、普遍性与一般性，又具有个性上的差异性、特殊性与复杂性。面对丰富多彩、各具特色的个体，德育工作必须讲究一定的原则，才能增强其实效。

（一）方向性与可操作性原则

德育是教育者根据一定社会或阶级的要求，有目的、有计划、有组织地对受

教育者进行系统的影响，把一定的社会政治准则、思想观点、道德规范、法纪法规和心理要求，转化为受教育者个体的政治素质、思想素质、道德素质、法纪素质和心理素质的教育。在这一过程中，无论德育内容、德育途径、德育方法，还是德育评价，都必须保持方向性。所以，学校德育评价体系的构建，必须以保持与国家的教育方针相一致和满足社会和个体发展需要的正确方向为前提。在德育评价时，应以科学、客观的事实为基础，尽量使评价简便易行，避免人力、物力的浪费和增加评价对象的负担，发挥评价指导实际、改进工作的效用，保证教育活动沿着良性、健康的方向发展。因此，中职学校的德育评价应该遵循方向性原则、可操作性原则，以实现评价目的的根本要求。

（二）系统性与层次性原则

系统性原则是指具有相关联系的一系列指标的总和所构建的系统化指标体系。指标体系不仅能够全面地再现和反映学生德育的现状，让教师和学生明确评什么、不评什么，还能使教师和学生明了应该做什么和怎么做。这样既有利于学生和教师按照评价标准约束自己的行为，又可以促进良好校风的形成，提高德育实效。

层次性原则是指指标体系的要素结构和层次结构分布，具有特殊的组合方式和层次特点。指标体系可以分为若干级指标，各级指标之间既要有联系，又要保持相对独立，体现出层次。它把较高标准的统一性德育内容与各个层面微观上不同层次的分类性德育内容有机结合起来，实现整体推进与分类推进的良性互动。

（三）发展性与多元化原则

世界著名认知发展心理学家加德纳说，每个孩子都是一个潜在的天才儿童，只是经常表现为不同的形式，我们要由发现和选拔适合教育的儿童转变为创造适合每一名儿童的教育。所以，在对中职学生这个特殊群体进行评价时，不能戴有色眼镜，用一成不变的眼光看待他们，这就要求在以学生为对象开展德育评价时，坚持发展性原则，即要坚持事物永恒发展的观点，着眼于学生的未来，促进学生身心发展。新的德育评价，应把立足点放在学生未来发展方面，相信学生发展的潜力，要使积极评价多于消极评价，发展评价多于静止评价，过程评价多于终结评价。评价的最终目的是增强学生主动发展的内部动力，使其形成奋发向上的精神力量。

同时，坚持多元化原则，不以统一标准、统一角度来评价学生，采取以学生自评为主，辅之以小组互评、家长社区参评等方式，多渠道、多元化进行整体素质评价，并及时向学生提供反馈信息。

（四）全面性与民主性原则

德育评价贯穿于学生在校学习的整个过程，融合于“主题模块推进式”德育模式中，所以在德育评价工作中应该坚持两点论为指导，力求对评价对象做出全面而辩证的评价。在评价学生时要认识到青少年正处在成长过程中，成熟与幼稚、优点与缺点并存。应努力避免评价过程中的“首因效应”“晕轮效应”“定时偏差”等评价者主观偏见的现象。

生本主义教育思想认为，学生是有独立个性的主体，因此评价过程应该注意坚持民主性原则。充分认识学生在评价过程中的主体地位，鼓励学生民主参与，主动反思。

此外，德育评价还应遵循定性和定量结合、教育效果与管理评估结合、模糊指标与定量指标结合等多项原则。在评价过程中，还应注意在实际操作过程中不断完善和优化评价本身。

四、中等职业学校“主题模块推进式”德育模式评价的主体和方式

根据“第四代评价理论”，动态评价是相对静态评价而言的，它通过评价者与被评价者之间的互动，实施群体或者个体化的诊断评价与教学补救，以此全方位观察、评估学生的进步与改变的情形，了解学生动态认知历程与认知能力变化的特点和潜能，促进学生发展。可见动态评价是一种符合时代要求与人的身心发展规律的更具有人性化特征的评价方式。

动态评价的特点是多主体性、互动性和多样性。它要求改变单一评价主体

的现状，主张评价主体多元化，加强自评、互评，使评价成为教师、管理者、学生、家长共同积极参与的活动。特别是使被评价对象自身也成为评价者，重视评价对象自我反馈、自我调控、自我完善、自我认识的作用。它要求整合多种评价技术：一是定性评价和定量评价相结合；二是自评、互评、多层互评相结合，建立立体、多层面、多方位的评价方式；三是形成性评价和终结性评价相结合；四是面评和书评相结合。因此，在"主题模块推进式"德育模式中的德育评价中，中等职业学校可以实行教师主导下的多主体评价模式，在充分尊重教师主导作用的基础上，注重发挥学生、家长和企业的积极性。同时，采用学生自评、生生互评、教师评价、学校评价、家长评价等多主体参与的评价方式，把过程性评价和终结性评价结合起来，把静态评价和动态评价结合起来，采用"分数、等级、评语"三种类型的呈现方式，以分数衡量学生道德理论的掌握程度，以等级考核学生日常行为的现状，以评语定性学生的发展潜能，结合学生的个体差异，综合反映学生"昨天、今天、明天"的变迁。

五、中等职业学校"主题模块推进式"德育模式评价的模式

结合中职学校学生德育模式评价研究的相关背景和理论，经过"主题模块推进式"德育模式的探究实践，探索出了以下两项评价模式。

（一）"专项式"动态评价模式

1."专项式"动态评价的内容和方法

"专项式"评价方式就是在中职学生的道德素养评价中，以专门的组织机构领导，以多层次、多渠道、多主体的方式，将评价作为专项工作单独开展，通过班主任评价（40%）、科任教师评价（30%）、学生评价（10%）、家庭评价（20%）来综合评定学生的职业道德素养。评价内容主要包括道德知识、道德情感、道德意志、道德行为四个方面，通过参与度、团队协作精神、纪律、服从实训安排、责任心、任务完成情况、着装等日常指标来评价。评价方法以观察法和谈话法为主，以学生的口头表述为辅。评价结果以等级和评语为主要呈现方式。

2.“专项式”动态评价的指标体系

中等职业学校“主题模块推进式”德育模式道德素养评价指标体系的建构。道德素养评价指标体系是评价中职学生道德素养的依据和尺度。建立科学可行的评价指标体系，是提高评价质量、增强评价的有效性和可靠性的重要保证。由于道德是综合品质的体现，所以对其评价也应该采用一种综合性的评价方式。同时，这种评价又应是独立操作的，这就需要建立一个科学规范的评价指标体系，将道德素养评价的内容，以不同的指标和评价标准体现出来，并根据各指标的重要性程度，赋予一定的权重，规定一定的分值，形成一个如表 5-1 所示的指标体系，为评价的实施打下良好的基础。

表 5-1　中职学生道德素养评价指标体系

评价内容	总分	权重	评价指标			
			优秀	良好	合格	不合格
			完全达标	基本达标	大部分达标	大部分不达标
道德知识	15 分	0.15	掌握社会公德、家庭美德的基本规范			
			掌握所学专业相关职业的职业道德规范			
			掌握所学专业相关行业的职业道德规范			
道德情感	20 分	0.20	热爱学校、班级、家庭和所学专业			
			有团队精神、集体荣誉感			
			对上级、同事有友谊感			
			有服务意识			
			在学习工作中能明辨是非			
			有责任感，自觉履行义务			
道德意志	25 分	0.25	能克服各种困难			
			做事有始有终			

续表

评价内容	总分	权重	评价指标			
			优秀	良好	合格	不合格
			完全达标	基本达标	大部分达标	大部分不达标
道德行为	40 分	0.40	严格遵守班级、学校的各项规章制度			
			积极维护学校、班级形象和利益			
			仪表着装、言谈举止符合学生身份，符合课堂、企业着装要求			
			服从上级指挥			
			对自己的言行负责			

鉴于道德素养评价主体的多元化，在指标体系的基础上设立中职学生道德素养的学生、教师、家庭月评表等过程性评价表以及中职学生道德素养评价统计表，具体见表 5-2 至表 5-4。

表 5-2　中职学生道德素养过程性评价表之教师、家庭月评表

评价对象		评价时间		评价人		
评价指标	道德知识（15 分）	道德情感（20 分）	道德意志（25 分）	道德行为（40 分）	评分	评价结论（等级）
得分						
注：1.此评价表作为教师评价表、家庭评价表，每月累计评价一次。 2.教师可根据学生在课堂、学习等方面的情况灵活评价。 3.家长可根据学生在家庭、社会等方面的情况灵活评价，也可通过通信方式向班主任了解情况后由班主任代为填写。						

表 5-3 中职学生道德素养过程性评价表之学生月评表

评价对象		评价时间		评价人		
评价指标	道德知识（15 分）	道德情感（20 分）	道德意志（25 分）	道德行为（40 分）	评分	评价结论（等级）
自评得分						
互评得分						
注：1.此评价表每月累计评价一次。 2.可根据自己和同学在学校、家庭、社会等方面的表现灵活评价。						

表 5-4 中职学生道德素养评价统计表

班级： 姓名： 时间：					
评价方式	评价内容				
	道德知识（15 分）	道德情感（20 分）	道德意志（25 分）	道德行为（40 分）	总分、等级、评语
班主任评价（40%）					
科任教师评价（30%）					
学生评价（10%）					
家庭评价（20%）					

把“专项式”动态评价作为中职学生道德素养的评价方法，主要就是将中职学生的道德素养评价目标和内容与教育评价理念、企业的用人标准相结合，形成突出中职学生道德素养的职业性和专业性的评价指标体系，让评价目标更加明确，评价内容更加全面，评价方式更加公正，评价结果更加客观，评价效果更能促进学生的发展。 在指标体系的基础上，根据职业道德素养评价主体的多元化原则，各学校可以根据自己的实际情况设立中职学生道德素养的教师、学生、家

庭的过程性评价表以及中职学生道德素养统计表等评价工具。

由于“专项式”动态评价模式评价表的涉及面非常广，需要专门的人员进行运算统计，存在着工作量大、耗时耗财、程序烦琐、缺乏操作性等缺点。同时“专项式”动态评价模式是独立于“主题模块推进式”德育模式的三大模块之外的评价模式，与学生的日常学习和生活的融合性不够，存在评价内容不准确等不足。为了解决这些问题，我们在坚持相关理论和原则的基础上，探索了一种新的学生道德素养评价模式——“嵌入式”动态评价模式。

（二）“嵌入式”动态评价模式

中职学生的道德素养渗透在日常学习和技能训练活动的方方面面，具有明显的规范性、继承性和相对稳定性。“嵌入式”评价方式就是根据道德素养的养成特点，把中职学生的道德素养评价与中职学校德育模式中的“主题模块”结合起来进行评价，即与课程、活动、文化等多方面内容有机融合，合并评价，使评价呈现过程性和多元化。

教育是评价的基础，评价过程就是教育过程。确定评价目标和评价内容是进行“嵌入式”动态评价的关键环节。把“嵌入式”动态评价作为中职学生道德素养的评价方式，让学校的评价目标、评价内容和标准渗透到“主题模块”的评价之中，通过这三个方面对学生进全面性、多元性、过程性、诊断性、发展性评价，从而保证学生道德素养教育的实效性，确保中职毕业生成为合格的高素质劳动者，满足社会对人才的需求。

1.“嵌入式”动态评价模式的目标

道德素养是道德知识、信念、意志、情感、行为等品质的综合体现，其养成需要很长时间。虽然我们强调道德素养评价的“嵌入式”，但依然要考虑道德素养养成的过程性，评价只有循序渐进才能更好地反馈和调节道德素养的养成问题，才能真正达到以评价促发展的目的。因此，道德素养的评价应该在与学科评价紧密结合的情况下，循序渐进，分阶段、分步骤地进行，每一个阶段设立一个预期目标，设立一个重点目标，让评价更具有效度。

根据中职学生道德素养发展的阶段性特点和对“主题模块推进式”德育模式评价的研究，对学生道德素养的评价目标如表 5-5 所示。

表 5-5　道德素养嵌入课程模块、活动模块、文化模块的评价目标示例

<table>
<tr><th colspan="2">评价阶段</th><th>道德素养嵌入课程模块的评价目标</th><th>道德素养嵌入活动模块的评价目标</th><th>道德素养嵌入文化模块的评价目标</th></tr>
<tr><td rowspan="3">学校阶段</td><td>第一步：入学初期评价（起点性评价）</td><td colspan="3">了解学生的道德素养现状</td></tr>
<tr><td>第二步：在校中期评价（过程性评价）</td><td rowspan="2">了解学生的道德素养进步情况</td><td colspan="2">要求学生掌握道德知识，培养道德情感和意志，逐步践行道德行为</td></tr>
<tr><td>第三步：实习前的评价（过程性评价）</td><td colspan="2">强化学生道德行为，深化道德知识，升华道德情感和意志</td></tr>
</table>

上表说明：道德素养嵌入课程模块、活动模块、文化模块的评价目标，在起点性评价中侧重于对学生道德素养基础信息的了解，为今后评价的效度和信度提供依据。在过程性评价中，重点是了解学生的道德素养进步情况和践行中的困惑：在校中期（高一年级）侧重于道德知识、道德情感和道德意志的评价，辅之以道德行为的评价，因为丰富的道德知识和高尚的道德情感、坚定的道德意志是良好的道德行为的基础和前提；实习前（高二年级）侧重于道德行为的评价，辅之以道德情感、道德意志、道德知识的评价，因为道德行为是道德知识、道德情感和道德意志的延伸和升华，是检验一个人道德修养的最高标准。在对学生进行终结性评价时，侧重于道德素养的综合评价，因为这一阶段是“学生”转化为“职业人”的关键阶段，是道德知识内化和外化的全面、具体表现阶段。

2.“嵌入式”动态评价模式的内容

第四代教育评价理论强调，不仅要评价教育教学活动的结果，也要评价教育活动的过程；不仅要评价学生在知识、技能、智力和能力等认知方面的发展，还要评价情感、意志、个性和人格等非认知因素的发展。即评价的内容不是单一的，而应是多样化的。因此在“主题模块推进式”德育模式的评价机制中坚持道德素养的“嵌入式”动态评价模式，在整个评价阶段和不同的评价方面要坚持把对道德知识、道德情感、道德意志、道德行为的评价贯穿始终。将各类道德基本规范、行业职业道德规范和日常学习生活相结合，让道德素养评价的内容更生活化、专业化、主体化和具体化（如表 5-6 所示）。

表 5-6 道德素养嵌入课程模块、活动模块、文化模块的评价内容示例

评价项目	评价内容		
	道德素养嵌入课程模块评价内容	道德素养嵌入活动模块评价内容	道德素养嵌入文化模块评价内容
道德知识	掌握公民道德基本规范和社会公德、家庭美德、职业道德的主要内容	掌握与专业相关的职业道德规范	掌握学校办学理念、校训等；掌握班规、班纪、班训等
道德情感	热爱学校、班级、专业、家人	热爱学校、班级、专业、家人	热爱学校、班级、专业、家人
	有团队精神、集体荣誉感	有团队精神、集体荣誉感	有团队精神、集体荣誉感
	学习、责任、义务意识强	学习、责任、义务意识强	服务、责任、义务意识强
	明辨是非	明辨是非	工作目的明确，上进心强
	—	—	上下协调，关系友善
道德意志	能克服困难	能克服困难	能克服困难
	做事有始有终	做事有始有终	做事有始有终
道德行为	遵章守纪	遵守实训制度，如“7S”要求	遵守规程和劳动纪律
	完成作业	完成实训任务	服从安排，尽心尽责
	—	积极参加各类活动	维护集体形象和利益

表 5-6 说明：道德素养嵌入课程模块的评价内容，重点评价学生日常的情感态度和行为习惯，它是道德素养评价的基础；道德素养嵌入活动模块的评价内容

侧重于学生情感和行为的评价，它是道德素养评价的重点；道德素养嵌入文化模块的评价内容侧重于对学生的综合评价，是把学生真正培养成一名道德高尚的人的最后一步，也是道德素养评价的落脚点和归宿。

道德素养的评价是一项复杂的系统工程，各个学校的具体情况又有所不同，因此，在具体的评价实践中必须本着尊重科学、实事求是、切合实际、因地制宜的原则，不断总结经验，以促进中职学生道德素养评价的进一步发展。

◆下篇◆

总结篇

中职学校特色德育模式的实践

“模式”一词在《现代汉语词典》中的解释是:某种事物的标准形式或使人可以照着做的标准样式。可以看出，模式意指一种可供借鉴的结构性整体或模型。作为一种程式化的形式，模式具有示范性和典型性。我国的教育学者对模式的研究最初是从“教育模式”开始，之后逐步转入对“德育模式”“教学模式”等专门化领域的研究。从概念上看，德育模式的原生形态出自西方德育理论，在他们那里，德育模式是作为解释、表达甚至是研究德育理论的一种言说方式而出现的，而不是我们通常所理解的那种操作模式。从引入西方德育模式理论开始，经过不断发展，我国的教育模式研究已经走出了西方的理论研究范式，逐步向教育实践靠拢。德育模式研究范式的转型，一方面激发了广大中小学教师的积极性，创造出了众多具有特色的德育实践模式，彰显了道德体验的巨大张力。另一方面，德育研究范式的转型并没有彻底抛弃理论和逻辑，反而是强调理论和实践的结合，运用理论解释丰富多彩的德育实践方式。在本章中，笔者将直陈案例，让读者通过案例来了解中职学校特色德育模式的实践情况。

第一节　校内实践

道德的基本问题是人的基本利益关系问题，也就是说，只有在人际交往活动中，才会产生道德问题。学校是由大量个性鲜明的主体组成的，必然产生不同的价值诉求，也就会导致道德问题的出现。个体道德意识的产生、道德情感的陶冶、道德意志的锤炼、道德信念的确立都离不开个体的现实生活和活动。在个体现实的道德生活和活动中，在个体现实的社会交往中，个体的道德主体意识和主体能力得到提高，个体学会处理各种各样的利益关系，进而使个体道德不断完善。由此可见，大量个体组成的学校成为德育活动开展的最主要场所，也成为孕育德育模式的最佳实验基地。在本节当中，笔者将以重庆市北碚职业教育中心的“勉仁尚上”特色德育模式为例，向读者展现中职学校德育实践的独特魅力。

一、立足实际，做好顶层设计

近年来，我国在《中共中央关于进一步加强和改进学校德育工作的若干意见》《中共中央国务院关于进一步加强和改进未成年人思想道德建设的若干意见》《新时代公民道德建设实施纲要》《国务院关于大力推进职业教育改革与发展的决定》《中等职业学校德育大纲》《中等职业学校学生心理健康教育指导纲要》等一系列政策文件中，对中职学校德育工作提出了更高的要求，要求中职学校德育工作要在指导学生的观念、知识、能力、心理素质方面开展有效德育工作，使之尽快达到社会和职场对学生基本素质的要求。因此，坚持贯彻“立德树人”的教育思想，改革与创新中职德育工作，探索有效且又具有本区本校特色的特色德育模式势在必行。

重庆市北碚职业教育中心的前身是梁漱溟先生创办的勉仁书院。梁漱溟先生针对当时中国“愚、穷、弱、私”的社会现实问题，基于旧中国“伦理本位、职业分立”的特殊文化背景，提出乡村教育的社会改良之路，注重道德精神的改造和人格陶冶，普设乡农学校，培养乡村建设人才，实现乡村自救等。这种宝贵的“勉仁”教育思想，成为后来的北碚职业教育中心办学的精神内核。学校在创建国家改革发展中职示范学校的过程中，对梁漱溟先生乡村建设实践经验中的职业教育精髓进行了进一步挖掘，在传承梁漱溟先生“勉仁”教育思想的基础上，形成了“勉人弘业”的办学理念。就德育工作而言，学校遵循“勉人弘业”的办学理念，提出以“勉仁尚上”为核心理念的特色德育模式。“勉仁尚上”德育模式遵循“贴近实际、贴近生活、贴近学生”的原则，强化中职学生日常行为规范，引导学生自主发展，探索和改革中职学生德育方法、途径，努力探寻时代文化和梁漱溟特色校园文化背景下的德育规律。学校通过开展贴合实际的系列德育主题活动、技能竞赛、艺体活动、社团活动等活动，陶冶中职学生的情操，促进中职学生良好行为规范和职业素养的养成。由此，学校在立足实际，结合办学理念的基础上提炼出具有自身特色的德育理念，并在实践中总结出“主题模块推进式”的德育方式，即点、线、面相结合的德育方式。由办学理念到德育理念，再到德育方法，这样一种具有鲜明学校特色并且一脉相承的顶层设计对于全面促进学校德育模式的深化改革，使校园文化建设与德育工作改革紧密联系，形成学校德育工作改革创新的新局面具有积极的引领价值。同时，为学校“量身定做”的顶层设计也能够真正提升德育工作的针对性和实效性，能够培养具有良好道德观和高尚道德品质的“德技双馨”的学生，并让学生在新的德育模式的指引下，做到知识学习、能力培养和行为养成相统一，真正成为一个“德行合一”之人。

二、主题推进，提高德育实效

重庆市北碚职业教育中心在充分分析学校实际情况的基础上提出以主题为主线开展德育活动。应该说，“主题模块推进”德育模式的构建是遵循教育规律的需要，是遵循学生认知和身心发展规律的需要，是整合中职学生思想政治教育资源的需要。这种德育方式在内容上是一种自上而下的纵向推进方式，也是由点到线再到面的扩展推进方式。“点”即以学校文化主题为起点，引领整个学校德育方向；“线”即以课程德育、活动德育、文化德育为主线，完成学校德育教育的目标；“面”即以日常的具体课程和活动、行为、环境等为载体，把德育教育因素渗透到各个方面，让学校的德育工作涉及各个部门和人员，形成一个有机的德育教育整体。“主题模块推进”德育模式在内容方面主要体现为课程、活动和文化三大模块的相辅相成，在时间上主要体现为不同时间的相互促进。

（一）三大模块相辅相成

在学校中，课程、活动和文化是开展德育工作的三个抓手。在操作中，学校紧紧抓住课程、活动和文化三个模块开展德育活动。一是围绕课程这一核心要素，大力挖掘课程当中的德育教育因素，真正做到课程育人。二是坚持以活动为主线，增强学生的道德体验，以活动育人。三是以文化为主线，积极建设校园文化和班级文化，以文化陶冶情操，以文化滋养心灵，引领品德成长。通过挖掘课程、活动和文化三个不同模块的德育要素，引导学生进行积极道德体验，形成正确的道德认知，提高德育实效。

1.课程模块

课程是学校教育的核心要素。课程不但是人类文化知识的凝结，也是一定社会规范和国家意志的体现。道德教育的目的正是让学生具有一定的道德体验，学会相应的道德知识，形成符合社会规范的道德认知，以便能够恰当地处理人际关系。应该说，道德教育目的的实现可以依托于课程来完成。因此，课程应该成为学校德育的重要阵地。课程德育是通过包括德育课程在内的所有课程来进行的道德教育。德育课程是课程德育的一部分，一个在内容上有其特殊性（即直接的、关于道德知识的课程）的部分。课程是学校德育的关键环节和基础。学生在校生活的主要时间是在课堂教学环境中度过的，主要精力都倾注在学科学习实践活动中，抓住了课堂教学就抓住了学校德育的关键环节，学校德育的落实就有了途径、载体、时间和空间。课程实施过程同时也是各种道德影响因素发挥作用的过程。这要求教师在教学过程中整合知识教学与道德教育，除了有专门的德育教学之外，也让其他学科教学有德育渗透，让其他学科教学有德育目标；要求教师在课程实施中深挖课程背后的德育因素，把各种德育因素组织起来形成一种教育合力，从而提高学校德育工作的整体实效。重庆市北碚职业教育中心认识到了课程在德育中的基础作用，在德育实践活动中紧紧抓住课程这一核心模块，一方面挖掘文化课、专业课和公共基础课当中的德育要素，引导学生形成正确的价值观，另一方面抓德育的必修课程和辅助课程，发挥德育课的主阵地作用。此外，学校还根据学校特色开发出一系列校本教材，在校本课程实施过程中渗透德育要素，真正做到课程育人。

2.活动模块

长期以来，我国的德育实效性一直饱受诟病。究其原因，就是在德育过程中重说教轻活动，重道德知识轻道德体验。在这种情况下，活动德育应运而生。活动德育是相对于说教德育而提出来的，它是指寓德育于活动之中，并以活动为实现德育之基本手段的一种德育形式。活动德育具有动态性、体验性、创造性、开放性和直接性等特点，在影响和培养道德品质、塑造道德人格方面有着不可估量的作用。学校德育的最终目的是培养将正确道德认识付之于行动的人，道德行为可以通过各类活动来培养、检验、巩固和发展。而活动德育是有目的、有计划、有组织的，以学生自主活动、直接体验为基本方式，以获得直接经验，培养创新精神、实践能力和综合能力，发展个性为主要目标的活动形式。它融思想道德教育、科技、艺术、社会实践等活动为一体，既是学科课程的延伸、拓宽，又与学科课程相辅相成，共同完成教育的培养目标。同时也是学生道德形成、发展的根源和动力，是学生形成自我评价，进而实现自我教育的基础。所以，活动模块既是课程模块的延伸、拓展，又与课程模块紧密联系，从课程模块向活动模块的推进既是德育形式的拓展，又是德育内容的拓展。基于对活动德育价值的重视，学校在具体的德育实践中一直强调活动的重要性。在实践中以活动为主线，抓主题活动和日常活动，发挥主题教育活动的驱动作用，再辅以日常的常规活动，充分利用活动的积极渗透作用，做到活动育人。

3.文化模块

文化的核心是价值观和思维方式，它们以知识为载体，渗透在人类的一切活动及其成果（包括物质世界）之中，渗透在人的血脉之中。文化是教育之根，也是教育的手段。文化潜移默化地影响着学生。通过文化进行道德教育，是一种有效的尝试。基于文化在育人方面无处不在的渗透特征，学校进行了文化德育的尝试。文化德育，就是基于文化的思想道德教育，它是利用一切有效的文化资源，借助文化独特的育人功能，通过学生对文化教育资源的有效吸收和文化教育活动的有效体验，唤醒学生道德成长的主观能动性；用文化浸润德育，让文化走进学生的心灵，使学生获得心灵的滋养；以文化引领学生品德成长，达成“文化润德”“文化化人”的育人目的。

一所学校的文化是由学校发展历史演绎而成的，是一个学校传统、人文精神和价值理念的综合体现，是学校具有鲜明主题和引领作用的精神支柱，是一个学校发展的灵魂。良好的学校文化具有很强的层次感，像是一部立体的、多彩的、丰富的、全面的、无声的教科书，育人功能十分突出，具有“润物无声”的魅力和功效。具有职业教育特色的学校文化对提高中职学生的职业素养，帮助学生形成正确的世界观、人生观和价值观等有着重要的意义。它能使受教育者从外在改变走向内在精神缔造，在这里，“文化”是德育的一种方法、途径和手段。通过引发、认同、固化、传承、再造这一过程，阶梯推进德育内容，使学校德育真正走进学生心灵，乃至整个精神和生命。所以文化德育是在课程德育和活动德育的基础上上升到一个新的层次，它包含着课程德育和活动德育，有着课程德育和活动德育不可替代的作用，它也融合在课程德育和活动德育之中。

（二）六大主题逐步推进

在“主题模块推进式”德育模式的框架下，在学生在校的两个学年、四个学期里，学校按照引导学生成人、教会学生成事、培养学生成才、激励学生成功的递进顺序，同时根据新生入校的常规情况、学生的认识发展水平及成长规律，确定了勤勉自律、生命健康、修身明礼、仁爱感恩、立志成才、职业素养六大教育主题，使每个学期都有相应的教育主题，各类学生活动也围绕主题开展。

第一学期围绕“勤勉自律”主题教育开展系列德育活动。进入中职学校，面对新环境、新的学习要求和青春期发育等情况，高一新生大多感到不适应，呈现新的心理特点，出现诸多心理问题，有人不愿融入甚至排斥新集体，因此，让新生尽快认识中职学校、适应新集体、完成初中和中职学校的衔接迫在眉睫。所以在这个阶段组织以“角色定位、勤勉自律”为主题的系列教育实践活动，能够培养学生的抗挫折能力，使学生通过不懈努力，找到自己的位置，实现角色的完美转型。可以利用新生入学教育、乡史校史教育、军训等活动突出行为规范教育，强化过渡期辅导，塑造吃苦耐劳品质，培养学生的团队意识和纪律意识，提升其爱国主义情怀。

第二学期推进新的德育主题教育——“修身明礼”教育。高一下学期是承上启下的关键时期，学生褪去了初进校时的羞涩和懵懂，但常因一些小事产生各种矛盾和诸多不文明现象。在这个阶段组织以“修身明礼、厚德端行”为主题的系列德育教育实践活动，引导学生树立文明新风，弘扬先进文化，抵制不良风气，慎己、慎微、慎独，就显得非常重要。学校可以围绕这一主题，以教“礼”为基础，同时举行“我与学校共成长”系列活动，教室、寝室“美室”活动，亲子活动，社会实践活动等各类活动，教育学生养成良好的个人卫生习惯，自觉遵守学校的作息时间，爱护校园、教室和宿舍的清洁卫生，努力打造环境优美、和谐的校园环境，进而引导学生加强道德修养，提高道德素质，强化学生的爱校责任意识、家庭责任意识和社会责任意识。“生命健康”教育则贯穿在整个第一学年，通过此主题教育活动，教会学生关爱自己、关爱他人，将系列法律知识、安全知识、卫生知识灌输给学生，将他们培养成为一名身心健康的中职学生。

第三学期开展“仁爱感恩”教育。学校就是一个小社会，现在的学生大多是独生子女，在日常生活中时常以自我为中心，不会谅解他人，也不懂得感恩他人。作为高二的学生，他们已经积累了一定的专业知识和技能，许多同学也参与了学校的各类活动，收获了能力、荣誉。在一、二学期的基础上，将第三学期“仁爱感恩”教育作为学校德育工作的重点。“仁爱感恩”就是要学生在人际交往中学会宽容，有一颗“海纳百川”之心；要在他们收获成功之际，及时引导他们懂得感恩，体会感悟回馈的幸福。

通过三学期的教育，培养学生仁爱之心灵、文明之美德、和谐之人格，全面提升学生的人文素养。在此基础上，第四学期，学校德育工作辅以新的主题——“立志成才”教育和“职业素养”教育，逐级逐层地推进“明礼、立志、勤学、成才”主题德育活动，通过就业创业教育、成才励志教育，提升学生的职业意识、职业能力与素质、创业精神和职业规划能力，使其更加适应经济社会发展的需求。

六大主题教育既考虑到学生各阶段的发展侧重点，又注意到教育的整体性，其建立在学生的心理需求之上，将无形的教育主题具体、贴切地融入学生的学习和生活实际中，让学生更容易接受，德育效果更为显著。六大主题，相互融入、相互贯穿，形式多样，效果显著。

三、保障有力，德育成效明显

（一）德育工作保障有力

虽然学校结合办学传统、自身特色和师资条件为学校德育实践进行了顶层设计，但是要将这种设计转化为现实，还需要一定的保障条件。为了保证德育工作落到实处，学校统合各种资源，提供了一系列保障措施。

1.组织保障

学校成立了由校长为负责人的"'勉仁尚上'特色德育模式研究"项目组。由校长统一负责，统一领导，协调各方力量，在人力、物力上确保项目的推进与实施。

2.智力保障

学校聘请西南大学教育学部教授组成"'勉仁尚上'特色德育模式研究"指导团队，对该项目的研究和实施进行培训和指导。同时，学校"勉仁尚上"特色德育构建得到了市内外研究机构、社会团体的大力支持，重庆市职教学会的相关领导和专家对学校德育工作也做了精心的指导。

3.人力保障

为了将项目落到实处，学校统一协调，为项目推进提供了强有力的人力保障。一方面，加强校、企、家德育工作联动共建，坚持以学校教育为主体、以社会教育为依托、以家庭教育为基础、以企业实践为辅助，积极开展"四合一"教育活动，真正实现社会、学校、家庭、企业等各利益相关者联动共建，形成教育的整体合力，提高德育工作的实效。另一方面，加强班主任队伍建设。班主任是班集体的组织者、教育者和指导者，是学校实施教育、教学以及其他工作计划的主力军。班主任在学生全面健康地成长的过程中，起着导师的作用，因此，班主任队伍建设尤其重要。加强班主任工作方法的培训、心理健康教育工作的培训，以及加强班主任工作的绩效考核能有效推动班主任队伍建设，培养和打造出新时代的魅力班主任，从而有效推动学校德育工作。

（二）德育工作成效显著

经过几年的探索，目前学校以"勉仁尚上"为特色的校园文化已初步形成，并渗透到学校教育教学管理的各个环节，给学校带来了巨大变化。应该说，德育工作的成效相当明显。这些成效既体现为物化的成果，也体现为良好的社会效应。

1.主要成果

一是总结提炼出富有特色的"勉仁尚上"德育理念。"勉仁尚上"的特色教育表现为多层次的丰富内涵。“勉”，包含奋勉志学、勤勉向学、自勉乐学；“仁”，包括仁爱之心灵、礼仪之言行、和谐之人格；“尚”，包括尚技尚能、求真务实、尚善求美；“上”，指心态积极、行为进取，最终获得自我超越。在德育理念的基础上，学校初步构建起具有鲜明特色的德育实践模式。二是编辑《中职学校“勉仁尚上”特色德育模式的构建与实践》一书，汇集了学校教师在德育工作方面的经验与智慧，为德育工作开展提供可借鉴的经验。三是整理汇编《“勉仁尚上”班主任工作守则》，从各个方面指导班主任工作的方向和工作规范。四是编辑完成《“勉仁尚上”学生简明读本》，汇集了学校各种德育实践活动案例，以形象的图片资料和文字展示了学生的全新风貌。

2.主要成效

学校传承梁漱溟先生的教育思想，立足学校实际，围绕课程、活动和文化三个模块开展德育工作，强化中职学生日常行为规范，引导学生自主发展。德育主题活动、技能竞赛、艺体活动、社团活动等活动的开展，强化了学生好的行为习惯，内强素质，外塑形象，逐步形成“德育入心，成德于行”的德育工作特色。近年来，学校组织师生连续参加了由教育部、中央文明办、团中央等共同举办的全国中职学校文明风采竞赛，三次获全国优秀组织奖，500 名学生的作品获全国一、二、三等奖。学校多名学生参加全国技能大赛并荣获全国一、二、三等奖。舞蹈社团师生参加“青春中国”校园才艺大赛并荣获全国金奖。体育俱乐部荣获 2008 年、2009 年、2011 年重庆市高中足球比赛第一名；2010、2012 年荣获重庆市足球锦标赛第二名；2013 年获得重庆市中职足球比赛一等奖。田径队连续三届获得重庆市中职运动会男子团体总分第一名。重庆市电视台《今日教育》节目多次宣传学校德育和校园文化建设工作。此外，学校的“主题模块推进式”德育模式被广泛宣传报道，在一定区域内产生积极影响，为广大的同行所认可，很多中职学校也借鉴了这一模式开展德育工作。

第二节 校外推广

当前，中职教育在关注学生技能培养之余，最关心的一个话题就是如何将中职学生培养成为真正德才兼备的高素质劳动者。然而，当前中职学校德育现状是不乐观的：德育观念薄弱，德育内容空洞枯燥，德育方法陈旧落后，惯于向学生施行“灌输”教育；学生道德情感狭隘，道德意识薄弱，道德判断能力不足。这导致中职学校大力进行道德教育的同时学生德育问题仍层出不穷。北碚职教中心“主题模块推进式”德育模式的应用，有效提高了德育的实效性，对很多兄弟学校产生了较好的示范作用。在本节中，我们仅以四川仪表工业学校为代表来展示“主题模块推进式”德育模式的推广与应用。

一、德育工作的主要目标

四川仪表工业学校实施“主题模块推进式”德育模式的主要目标是：紧紧围绕“学校德育工作、校园文化建设、学生综合素质提高”三个方面，通过实施“主题模块推进式”德育模式，培养学生自我教育、自我管理、自我服务的素质，促使学生学会做人、学会学习、学会做事，充分发挥学校德育的育人作用；通过课程、活动、文化全方位开展德育工作，不断提高学生综合素质，使学生德育与学校教学工作、学生活动、校园文化建设有机融合，从而进一步提高中职学校育人质量，为经济社会发展提供人才保障。

二、德育工作的基本思路

为顺利开展“主题模块推进式”德育模式研究，四川仪表工业学校成立由校长任组长的德育工作小组，通过“明确方案＋分步推进＋反馈完善＋提炼升华”的应用思路，由分管校长统一领导，学生科、教务科、专业科等科室负责实施。

根据职业教育特点开展“主题模块推进式”德育，从课程德育、活动德育、环境德育三个方面积极推进德育工作，根据学生认知规律同时辅以“推进式”的教育方式，开展分层次、推进式德育活动：第一学期围绕“规范”主题开展系列德育活动，利用新生入学教育、军训活动、校史教育等培养学生的纪律意识和团队意识；教育学生自觉遵守学校规章制度；培养学生良好的卫生习惯、行为习惯；教育学生爱护学校公物，自觉维护学校清洁卫生。第二学期推进“礼仪”主题德育，以教“礼”为基础，引导学生加强道德修养，提高道德素质，逐渐成为有道德的人。在第三、四学期推进“立志、勤学、成才”德育，通过就业、创业、成才励志教育，提升学生的职业意识、职业能力与素质，使其更加适应社会发展的需要。实施过程中，根据每个阶段出现的问题进行集体研究、定期研讨以及专家指导。

三、德育工作的“3456 工程”

围绕“课程”“活动”“文化”三个主题，按照必修课程强化式、辅助课程融入式、主题活动驱动式、校园文化熏陶式的推进方式，学校提出了实施“主题模块推进式”德育模式的“3456 工程”，即明确“三个阶段”，实施“四线德育”，开拓“五条途径”，确定“六个方向”。

（一）明确“三个阶段”

道德素养是个人在道德上的自我锻炼，以及由此达到的较高的道德水平和道德境界。开展道德教育，需要对学生道德素养形成的阶段有明确的理解。一般而言，学生道德素养的培养有以下三个阶段。

1.认知阶段

根据中职学生的特点，依据企业的用人标准，学校对学生进行道德素养的认知教育，使学生完成从“初中毕业生”到“职校人”的转变。这一阶段的重点是做好“规范”的认知和实践。

2.养成阶段

根据学校学生德育培养目标，通过各种教育教学活动有针对性地对学生进行道德素养的养成训练，使学生成为“准职业人”。 这一阶段的重点是明确规范，加强实践和整改。

3.巩固阶段

通过专业教学、合格职业人素养教育、学生社团活动、校园文化建设等，强化学生道德素养的培养，让学生达到学校德育培养的目标。 这一阶段的重点是培养习惯，确保德育素养养成的实效性和稳固性。

（二）实施“四线德育”

德育需要合力，需要“全员育人”“全方位育人”“全过程育人”。 为了有效提高德育工作的实效性，学校在德育实践中采取“四线德育”策略，即在德育的组织上加强保障，保障“主题模块推进式”德育模式的实施。

1.组织健德

建立以校长—学生科—班主任为主体的“常规教育主线”，作为德育常规管理的主力军，保证日常规范教育的有序开展。

2.课堂渗德

建立以校长—教务科/专业科—教研室—任课教师为主体的“课堂渗透德育主线”，任课教师首先管好课堂教学，同时把德育渗透到学科教学活动之中。 具体围绕课程模块，开展“职业道德与法律”等德育必修课程的强化式德育，开展“计算机”等辅助课程融入式德育。

3.活动建德

建立以学校党委—校团委/学生会—班委/团支部为主体的“学生自我教育主线”，发挥学生主体的自觉能动性。 具体围绕活动模块，开展公益活动、班队社团活动、合格职业人素养教育活动等。

4.文化融德

建立“教室—宿舍—操场—食堂”等校园文化德育线，在生活教育中融入德育意识的培养。 具体围绕校园文化模块，开展学校管理文化、师生关系文化、校园环境文化、寝室生活文化、日常行为文化等教育。

（三）开拓“五条途径”

对中职学生的培养目标与普通中学学生有所不同。职业教育必须以就业为导向，这就要求学校在培养过程中密切注意市场需求，紧跟市场步伐。但是，不管是以升学为目的的普通教育，还是以就业为导向的职业教育，最终都要使学生成为社会的合格公民，这是一条基本的底线。因此，中职学校在教育过程中既要使学生具备一定的职业素养，又要注重培养学生作为社会公民的基本素养。这就对学校的德育工作提出更高的要求。在推进“主题模块推进式”德育模式实施过程中，学校从学生的职业要求和公民素养两方面入手，开拓出五条德育工作的基本途径。

1.合格职业人素养教育活动

推行“7S”管理原则，在校内营造符合先进制造业、现代服务业企业要求的专业化职业环境，打造体现时代特征的职业教育文化，不仅是学校实习实训等场所建设的需要，更大意义在于让学生受到现代企业制度的训练，加强学生的责任教育和岗位教育，养成良好的习惯，使学生提前适应企业的管理，缩短与企业的距离。长期按制度办事就会变成习惯，长期的习惯就会变成文化，长期的文化又会变成人的素养。它是企业文化进入中职学校深度发展的必然，是学生德育培养的必由之路。

2.学科教学渗透

中职学生职业化素养的培养，一定要立足教学，立足课堂，在学科教学中渗透，做到知、行的统一，在学科教学中学习技能，在学科教学中渗透德育。

3.校园文明风采评选活动

学校的职业化教育要抓好载体，搞好活动，在生动、有吸引力的活动过程中提升学生的职业化水平。自2004年起，教育部每年组织以“弘扬民族精神，树立职业理想”为主题的全国中等职业学校“文明风采”竞赛活动，竞赛活动分“征文”“职业生涯规划设计”“摄影”等几个板块，学校把“职业生涯规划设计”当作主要抓手，规定每个学生必须制订一份“职业生涯规划设计书”，并以此为载体开展职业道德与职业理想教育，让学生在自我设计的过程中发现自己的长处和优势，为自己搭建通向成功的台阶。

4.班队社团活动

学生社团是进行德育教育的第二课堂。四川仪表工业学校成立了“诗歌学会”“曳舞学会”“计算机学会”“电工电子学会”等 23 个社团，在社团的目标和具体活动中，都体现了德育培养的宗旨。

5.校园文化环境教育

校园文化是以社会文化为背景，在学校教育、学习、生活、管理过程中以具有学校特色的物质形式和精神形式影响、制约师生的行为的活动形式和活动结果。以校园文化育人是德育教育的最高境界，也是德育工作由强制性管理走向软性管理的最好途径。

（四）确定“六个方向”

学校德育教育的培养目标是把学生培养成一个具备自我教育、自我管理、自我服务能力的“一线技能型人才”。那么，要将学生培养成为“一线技能型人才”，这就需要对技能型人才有比较全面的理解。我们认为，技能型人才首先是合格的公民，然后才是一定领域的专业型人才。基于这样的认识，在学校多年的探索中，逐步确定从六个方面进行德育教育。

1.爱国主义和理想信念教育

爱国主义、集体主义教育是学校德育的主旋律。学校通过加强学生的职业价值观教育来实现爱国主义和理想信念教育，通过教育和引导，帮助学生树立科学的世界观、人生观、价值观和正确的就业观、择业观，使其既有正确的职业理想，又有良好的职业道德，既有正确的成才意识，又有明确的成才途径，既追求个人的自我实现，又能努力为国家、为社会多做贡献。

2.公民意识教育

公民意识是公民对自身的法律地位、政治地位及其与国家、与其他公民相互关系的自我觉悟。中职学生是一线高素质劳动者和技能型人才的后备军，肩负着社会主义建设事业的历史重任，加强中职学生公民意识教育具有重要的意义。在德育素养培养中，要强化权利意识、责任意识和社会公德意识，教育学生维护社会公德，保护环境，有社会正义感，依法办事，反对不正当的竞争，个人利益服从集体利益和国家利益，实现培养合格公民的目标。

3.职业生涯教育

职业生涯教育是有目的、有计划、有组织地培养个体规划自我职业生涯的意识与技能，发展个体综合职业能力，促进个体职业生涯发展的活动。帮助学生根据职业兴趣、性格特点、能力倾向，以及自身所学的专业知识技能和各种外界因素，合理定位，以便最大限度地实现自我价值。

4.合作精神教育

积极引导学生崇尚合作，使学生懂得今天的事业是集体的事业，今天的竞争靠的是团体力量和集体智慧，善于合作的人更可能成功。

5.心理健康教育

根据中职学生生理、心理的发展特点，运用各种教育方法和手段，开发其心智潜能，提高其心理素质，维护其心理健康，促进其身心素质全面、和谐发展。大力普及心理健康知识，提高学生心理健康水平，增强学生承受挫折的能力，使学生保持乐观向上的心态。

6.就业择业教育

加强职业发展与就业指导课程建设，引导学生理性择业、和谐就业，树立“行行可建功、处处能立业、劳动最光荣”的科学就业观，促进学生自觉把实现个人理想追求与建设祖国结合起来，理性选择就业地区和行业。创业创新能力是提高毕业生就业竞争力的基础，也是学生自我发展的基础。学校作为实施创业创新教育的主体之一，需要担当起创业创新教育的重任，积极开展切实有效的创新创业教育，使更多的学生把自主创业作为实现人生价值的优先选择。

四、德育工作的条件保障

（一）组织保障

学校成立了由分管校长为组长的“主题模块推进式”德育模式实施小组，负责“主题模块推进式”德育模式的规划、实施和监督考核。同时学校广泛借助社会团体、科研机构、企业等力量，集思广益，共同实施“主题模块推进式”德育模式。

（二）智力保障

学校在推进“主题模块推进式”德育模式过程中聘请了西南大学、北碚职教中心的专家。专家对该模式的实施进行培训和指导工作，在规划和实践操作中提出了宝贵的经验和建议。

（三）制度保障

学校制订了《关于实施“主题模块推进式”德育模式的意见》《“主题模块推进式”德育模式实施管理办法》等文件，从制度上保证了“主题模块推进式”德育模式的顺利实施。

（四）经费保障

学校根据“主题模块推进式”德育模式实施的需要，设立了专项资金，建立了完善的资金保障制度，保障了项目的有序推进。

五、德育工作的成效

四川仪表工业学校通过“主题模块推进式”德育模式的实践，在理论认识、德育实践等方面取得了显著成效。

（一）理论认识成果

通过“主题模块推进式”德育模式实践的开展，学校进一步丰富了对德育工作的认识。德育工作必须坚持“以人为本、德育为先”的原则，以学生为主体，遵循中职学生身心发展的特点和规律，增强针对性、实效性、时代感和吸引力，努力培育德智体美劳全面发展的一线技能型人才。在德育工作中，要坚持基本的德育原则，即坚持方向性与时代性相结合的原则，贴近实际、贴近生活、贴近未成年人的原则，知与行相统一的原则，教育与管理相结合的原则，解决学生思想问题与解决实际问题相结合的原则。同时，学校对德育工作的内容有了更深刻的体会。课程教学、学生活动、校园文化是德育的主阵地，要利用必修课程强化式、辅助课程融入式、主题活动驱动式、校园文化熏陶式的推进方式积极开展民族精神和时代精神教育、理想信念教育、道德和法治教育、劳动价值观教育、心理健康教育、生命人格教育，充分发挥课程模块、活动模块、文化模块在中职学生思想道德教育中的主导作用，引导中职学生树立民族自尊心、自信心和自豪感，培养改革精神和创新能力，确立正确的世界观、人生观和价值观，树立社会主义核心价值观、职业观和职业理想，养成自尊、自信、自强、乐群的心理品质，形成安全意识、环境意识、效率意识、廉洁意识，使学生知识、技能、人文素养能和谐发展。

（二）德育实践成果

1.德育工作制度不断完善

在运用“主题模块推进式”德育模式来实践职业学校德育的工作过程中，学校不断结合学校德育实际，积极在原有德育制度基础上进行创新。学校先后出台了《四川仪表工业学校德育工作规范（试行）》《四川仪表工业学校学生综合素质评价体系（试行）》《四川仪表工业学校教师德育工作考核办法（试行）》《四川仪表工业学校感恩教育实施方案（试行）》《四川仪表工业学校星级班主任评选办法（试行）》《四川仪表工业学校教职工量化考核制度（试行）》等。同时对原有的有关制度进行修订，例如《四川仪表工业学校班级管理月考核办法》《行为规范检查周实施办法（试行）》《〈教学日志〉管理办法（试行）》《四川仪表工业学校师风师德建设实施方案》等文件。另外，学校还重新修订了《四川仪表工业学校学生手册》。同时，班主任根据管理工作要求，在“主题模块推进式”德育模式理论的指导下，积极制订符合本班级实际的班级管理制度。以上这些制度的修订和创新，进一步规范了学校的德育管理工作，极大地提高了德育实效性。

2.德育研讨形式日益丰富

“主题模块推进式”德育模式的实施极大地推动了四川仪表工业学校的德育研讨工作。四川仪表工业学校的德育研讨形式多样、内容丰富，除了平时的德育课课程改革研讨活动以外，主要有以下四种形式：一是每周的班主任工作例会，学校改变了原来以布置工作为主的形式，改为每次确定主题，围绕一个主题开展德育教育的实践活动，如组织小组活动、典型案例分析等；二是班主任能力提升班，每年寒暑假的德育工作列入教育体系之中，举办班主任能力提升培训班，主要是组织学习德育理论、开展主题讨论、听专家讲座等；三是每学期组织召开一次全校的大型德育研讨会暨学校德育工作成果展示活动；四是召开德育教研会议，积极推进德育课课程改革。

3.德育实践成效显著

在“主题模块推进式”德育模式实施的推动下，四川仪表工业学校德育工作改革得到了扎实推进。在德育课教学方面，初步实现了德育专任教师专业化，课程教学模块化、项目化，评价方式过程化，部分德育走出了教室，走出了校园，走进了企业，走向了社会。学校同时开展大量德育活动，围绕常规管理的“行为规范检查周活动”；围绕文明礼仪教育的“校园文明标兵评选活动”；围绕心理健康教育的“心理健康讲座活动”；围绕成人教育的“11·27 成人宣誓活动”；围绕法治教育的“法治讲座”；围绕实践教育的“勤工俭学”和“社会实践”等活动；围绕养成教育的劳动值周“7S”现场管理活动，两操、升旗、主题班会等。除了学校统一组织的活动，各班级也积极开展富有班级特色和针对性的德育活动。这些德育活动丰富了学生的校园生活，运用了“全过程关怀、全方面保障、全方位育人”德育管理模式的方法，培养了学生良好的行为习惯，提高了学生个人的德育素质和审美修养，极大提高了学校德育管理成效。

六、体会与思考

经过对“主题模块推进式”德育模式的实践，学校积累了一些经验，取得了一定成效。但有很多方面值得反思。

第一，“主题模块推进式”德育模式主要涉及实践性德育的探讨，还有许多德育内容值得进一步深入研究。比如，必修课程强化式推进中如何做到贴近学生、贴近生活、贴近企业；如何开发更好更多的辅助课程融入式案例；校园文化熏陶式如何增强吸引力，如何提高时效性等。

第二，随着社会经济的发展和转型，学生的思想和心理越来越复杂，德育工作也越来越复杂性，德育教育不断遇到新的问题和难题。我们在现代德育中尚轻视对学生的市场经济观念、自强自立观念、艰苦创业观念的教育。因此，仅仅依靠“主题模块推进式”德育模式的实践是无法完全解决所有德育问题的。

第三，学分制与弹性学制的推行将成为中等职业学校和谐发展的趋势，而目前的“主题模块推进式”德育模式是在现有的学制模式下展开的，如何将德育模式、评价模式与学制模式有机融合起来，有待德育工作者拓宽视野，围绕德育目标，加强校际合作与交流，运用各种先进理论进行广泛研究和实践，创造新成果，打造新品牌。

第七章 中职学校特色德育模式构建的背景、意义和特点

中职学校构建具有一定文化特色的德育模式，既是对学校传统文化的传承，也是对时代特点和现实需要的有效展示。中职学校“主题模块推进式”德育模式具有系统性强、重点突出、针对性强的特点，它根据学生的认知规律和青少年身心发展的特点，以学校主题为引领，以模块为基础，在两个学年、四个学期中，按照引导学生成人、教会学生成事、培养学生成才、激励学生成功的原则递进展开，有序推进。它是中职学校德育模式的有效创新，揭示了新时期德育模式构建的新思路，丰富和发展了中职德育理论，有助于学校人才培养质量的提高和自身办学水平的整体提高。

第一节　中职学校特色德育模式构建的背景与意义

一、中职学校特色德育模式构建的背景

现阶段我国中职学校采取了多种德育模式，这些模式主要有：学科教学德育模式，这种模式主要通过挖掘各科教学内容的内在思想对学生进行德育；社会实践德育模式，这种模式强调德育以实践为基础，注重引导学生积极参加社会实践活动，形成高尚的品德；组织活动德育模式，这种模式通过党团组织、学生会、社团组织开展的课内外、校内外活动进行德育；从环境角度讲，还有班级德育模式，其强调班级德育的基础地位和主体作用；社会德育模式强调通过社会教育机

构、社会舆论、社会交往施加德育影响；家庭德育模式，强调家庭是学校德育和社会德育的基础，是塑造人们灵魂的第一个环节。这些德育模式虽然都不同程度地发挥了德育作用，积累了宝贵的德育实践经验，但离新时期德育模式改革的目标、立体德育模式和特色德育模式的构建尚有一定的距离。

现阶段重庆市中职学校大多沿用普教德育模式。虽然大多数中职学校对德育工作的重要性有着高度的重视与认识，但由于沿用普教德育模式，德育方法与模式的继承性、传统性特征突出，创新性、有效性亟待提高，特色与亮点有待进一步彰显。由于方法与模式不新，许多中职学校德育工作流于形式，一些本来很有教育意义的德育工作没有落到实处，德育工作效果很不理想，德育工作出现一定的滞后性。中职学校要创新方法与模式，必须借助必要的载体，必须依托必要的阵地，必须建立强有力的保障措施。如果中职学校在德育载体和软件上不狠下功夫，德育的工作目标不管是近期的还是中长期的都将无法在实践中实现，这样德育工作就会带有很大的盲目性和随意性，德育工作的效率就会大受影响。

国家在《中共中央关于进一步加强和改进学校德育工作的若干意见》《中共中央国务院关于进一步加强和改进未成年人思想道德建设的若干意见》《新时代公民道德建设实施纲要》《国务院关于大力推进职业教育改革与发展的决定》《中等职业学校德育大纲》《中等职业学校学生心理健康教育指导纲要》等一系列政策文件中，对学校德育工作提出了更高的要求，要求中职学校德育工作要在指导学生的观念、知识、能力、心理素质方面开展有效德育工作，使中职学生尽快适应社会职场对学生基本素质的要求。因此，改革与创新德育工作，探索有效的而又具有本区本校特色的中职特色德育模式是非常有必要的。重庆市梁平职教中心的“有序大课堂”，铜梁职教中心的“准军事化”德育模式，都给我们展示了特色德育模式的精彩案例。其特色德育模式构建的一般方法与规律值得本课题研究与探索。“主题模块推进式”德育模式的研究，揭示了新时期德育模式构建的新思路，丰富和发展了现代中职德育理论，有助于中职德育工作的改革创新，有助于学校人才培养质量和自身办学水平的整体提高。

二、中职学校特色德育模式构建的意义

（一）生本意义

“主题模块推进式”德育模式融入乡土校情接地气，当地学生喜闻乐见，易于接受，德育效果良好，能有效提高学生的素质。随着时代的发展，成才先成人、做事先做人的观念已深入人心，职业教育不再只是单纯地教技能技术，而是要帮助学生成为身心双健的人。以重庆市北碚职业教育中心为例，该校利用创建国家改革发展中职示范学校时机，全面开展特色校园文化建设，继承与弘扬梁漱溟“勉仁”教育思想，从其乡村建设实践经验中挖掘其职业教育精髓，构建了“勉人弘业”的特色校园文化及特色德育模式，全面促进学校德育模式的深化改革，使校园文化建设与德育改革紧密联系，形成学校德育工作改革创新的新局面，学生素质明显提高。

（二）校本意义

“主题模块推进式”德育模式的研究，能提升校园文化的内涵，有效促进学校德育工作的改革和发展，促进中职学生职业道德素养的全面提升。“主题模块推进式”德育模式在构建过程中遵循教育规律，遵循学生认知和身心发展规律，整合了中职学生思想政治教育资源，对个人发展、学校办学水平的提高都有着重要的意义。“主题模块推进式”德育模式完善了课程、活动、文化等内容，有效推进了学校教育教学工作的发展，促进了中职学生身心协调发展，提高了学校德育工作的实效性，整体提升了学校的办学水平。

（三）推广意义

“主题模块推进式”德育模式的研究，能有效带动众多的德育工作者、班主任思考德育工作改革与文化建设问题，提高他们对德育工作的认识水平和开展德育工作的实效性，培养和壮大德育工作者队伍，起到推进德育人才工程建设的重大作用，因而本研究具有极高的理论与推广价值。

第二节　中职学校特色德育模式构建的特点

一、“进阶”紧贴中职学生身心发展特点

“进阶”式的德育教育，就是按照以人为本的原则，根据教育规律、中职学生成长规律和不同阶段学习生活的特点，在不同年级、不同类别的学生群体中，把具有一定特征的某种基本思想作为核心内容，确定相应的教育主题，分阶段、分类别、递进式和层级化地对学生进行针对性强、目标集中、主题突出的思想教育活动。这些在不同年级、不同类别学生群体中实施的教育活动纵横交织，相互呼应，相互促进，全面改进和加强了中职学生的日常思想政治工作，加快了学生成人成才的进程。

（一）课程的“进阶”

德育教育在课堂主要通过德育课来完成。德育课是中等职业教育的一门必修课程，它由“职业生涯规划”“职业道德与法律”“经济政治与社会”“哲学与人生”四部分构成。从一年级开始开设，每学期一门课程，帮助学生规划职业生涯，了解职业道德和相关的法律，了解国家社会生活中的各种经济政治现象和站在理论的高度去思考人生。总体来看，德育课课程结构设置合理，课程内容由浅入深，逐层递进，符合学生思想认识从感性到理性，从具体到抽象的年龄特点。

（二）活动的“进阶”

德育教育需要在活动中进行。学生在校学习的四个学期中，学校按照引导学生成人、教会学生成事、培养学生成才、激励学生成功的顺序，结合新生入校的常规情况、学生的认识发展水平及成长规律，确定了勤勉自律、生命健康、修身明礼、仁爱感恩、职业素养、立志成才六个主题，使每个学期都有相应的主题教育活动分层次进阶开展。学校在学生两年共计四个学期的学习生活中，贯穿

“生命健康教育”“仁爱感恩教育”“职业素养教育”的主题式德育训练活动、团队活动、主题班会等德育活动，以这些活动为载体，综合营造出富有学校鲜明主题的“和润无声，择善而行，能业双馨”的德育文化氛围。

（三）文化的“进阶”

学校文化是指在一个学校内，由学校发展历史积淀而形成的价值观念、制度契约等构成的价值观体系。它是全校师生的精神家园，决定着学校的价值追求和发展目标。学校在开展主题式德育教育活动的过程中，要注意按照以环境育人、以制度育人、以观念育人、以行为育人的原则展开，使学生在感受和感悟学校文化的过程中净化心灵、升华思想和提升境界。

二、“主题”将德育工作和时代特点、现实需要有机结合

“主题模块推进式”德育模式将德育“主题”和时代特点、现实需要有机结合，生成了一系列有计划、有目的、有措施的主题教育活动。

第一学期围绕“勤勉自律”主题开展系列德育活动。学校利用新生入学教育、乡史校史教育、军训等活动突出行为规范教育，强化过渡期辅导，塑造学生吃苦耐劳品质，培养学生的团队意识和纪律意识，提升其爱国主义情怀。

第二学期围绕“修身明礼、厚德端行”主题开展系列德育活动。这一主题的目标是引导学生树立文明新风，弘扬先进文化，抵制不良风气，教育学生学会慎己、慎微、慎独。学校围绕这一主题，设置了教“礼”、“我与学校共同成长”系列活动，教室、寝室“美室”活动，亲子活动，社会实践活动等各类活动，教育学生养成良好的个人卫生习惯，引导学生自觉遵守学校的作息时间，爱护校园、教室和宿舍的清洁卫生，共同营造优美、和谐的校园环境，引导学生加强道德修养，提高道德素质，强化学生的爱校责任意识、家庭责任意识和社会责任意识。

第三学期开展“仁爱感恩”主题教育活动。“仁爱感恩”就是要求学生在人际交往时学会宽容，有一颗“海纳百川”之心，要求他们在收获成功之际，懂得感恩，体会、感悟回馈的幸福。

第四学期学校开展“立志成才”主题教育活动，通过就业、创业教育，成才励志教育，提升学生的职业意识、职业能力与素质、创业精神和职业规划能力。

逐级逐层推进的“明礼、立志、勤学、成才”主题德育活动，既培养了学生仁爱之心灵、文明之美德、和谐之人格，全面提升了学生的人文素养，又使其更加适应经济社会发展的需求。“主题模块推进式”德育模式完美地将德育“主题”和时代特点、现实需要结合在了一起。

三、“模块”将各个方面无缝对接

中职学校“主题模块推进式”德育模式根据德育教育的实际情况可以分为三大“模块”，即课程模块、活动模块和文化模块。三大模块涉及课程德育、活动德育、文化德育，三大德育领域在中职学校德育工作中，相辅相成，共同促进，浑然一体。

“课程模块”是学校德育的关键环节和基础，抓住了课堂教学，就抓住了学校德育的关键环节，学校德育的落实就有了途径，有了载体、时间和空间。德育课程实施的过程同时也是各种道德影响因素发挥作用的过程。这要求教师在教学过程中把道德教育整合融入知识教学中，把德育渗入到除德育课程外的其他学科教学中，使教师在课程实施中能整合各种德育因素，形成德育合力，提高学校道德教育的实效。

“活动模块”是课程模块的延伸、拓展。它以学生自主活动、直接体验为基本方式，以获得直接经验，培养创新精神、实践能力和综合能力，发展个性为主要目标，融思想道德教育、科技、艺术、社会实践等活动为一体。活动模块是学科课程的延伸、拓宽，与学科课程相辅相成，共同完成德育目标。活动模块是学生道德形成、发展的根源和动力，是学生形成自我评价，实现自我教育的基础。活动模块与课程模块紧密联系，从课程模块向活动模块的推进既是德育形式的拓展，也是德育内容的拓展。

“文化模块”中的文化是由学校发展历史演化而成的，它不仅是一个学校的传统、人文精神和价值理念的综合体现，是学校具有鲜明主题和引领作用的精神支柱，更是一个学校发展的灵魂。良好的学校文化具有很强的层次感，是一部立体的、多彩的、丰富的、全面的、无声的教科书，对学生情操的陶冶、品德的培养十分重要，具有“润物无声”的魅力和功效。具有职业教育特色的学校文化对中职学生形成正确的世界观、人生观和价值观，提高职业素养有着重要的意义。“文化”作为德育的一种方法、途径和手段，能使受教育者从外在行为改变走向内在精神改变。文化模块通过引发、认同、固化、传承、再造这一过程，阶梯推进德育内容，使学校德育真正走进学生心灵，乃至整个精神和生命。

总之，“主题模块推进式”德育模式的实践，体现了德育工作分模块开展，模块中有主题，模块中有层次有推进，“模块”“主题”“进阶”有机结合、相互穿插、有序推进的工作思路。

中职学校特色德育模式运行的保障体系

中职学校德育工作是一项非常重要的工作，立德树人是中职德育的工作之本。长久以来，我国关于中职德育模式的研究从来都没有中断过，取得了丰硕的理论成果和实践成效，但是遗憾的是，当前中职德育问题仍然严峻，希望具有特色的中职德育模式出现的呼声依然不绝于耳，构建具有本区或本校特色的中职德育模式是时代发展的需要。笔者认为，中职学校的特色德育模式应该积极通过发展每一位中职学生的主体思想道德素质，重视中职学生的主体性特征，不断完善和培养中职学生的个性品质，实现对传统中职德育模式的有效超越。它不应该以约束和束缚学生的主体意志为目的，不应该以传统的守成者作为培养目标，而应是未来文明和先进文化的创造者，优秀传统文化的继承者。因此，中职学校特色德育模式在实施过程中不仅要重视中职学生对传统道德规范的有效掌握，还要注重发展中职学生的道德思维能力，让中职学生学会对思想道德问题进行分析和思考，培养中职学生坚强的道德意志。

任何模式的运行都需要一定的保障体系，中职学校特色德育模式的运行自然也不例外。在研究的过程当中，笔者深深地感受到：中职学校特色德育模式的运行必须要有一定的保障体系作为支撑，才可能真正持续运行。基于此种情况，笔者在此主要提出如下保障体系：思想保障、组织保障、制度保障以及物质保障。

第一节 思想保障

中职学校特色德育模式运行必须要有一定的保障，而首要的当属思想保障。笔者认为，中职学校特色德育模式运行必须有一个先进的、科学的思想作为保障，有了这样的思想保障，中职学校特色德育模式才能更好地运行。

一、树立“以人为本”的德育理念

在现代教育理念的影响之下，中职学生的主体性地位得到了普遍提升。这种提升既是对中职学生主体性地位的确认，也是对时代要求把中职学生作为自育主体的回应。目前，中职学生已经成为我国社会和经济发展与建设的重要组成部分。在这样的大背景下，中职学生主体性地位的进一步提升势在必行。假如我们对于这一客观事实采取无视的态度，仍然把中职学生作为中职学校特色德育模式的客体，就会失去历史的合理性，就不能在道德伦理上获得人们的支持。所以，我们应该把中职学生看作中职学校特色德育模式的主体，做到“以人为本”。在当今社会，“以人为本”已经成为现代教育改革的一个重要理念。基于此，“以人为本”也应成为中职学校特色德育模式构建的核心理念。中职学校在构建特色德育模式的过程当中要始终服从和坚持这一现代教育理念，在实施过程当中要紧密围绕中职学生的学习和生活实际，确立中职学生在特色德育模式实施过程中的主体地位，充分尊重中职学生的个体人格和个性发展需要，唯有如此才可能真正使特色德育模式在实施过程中获得成功。

二、树立全面发展的育人理念

进入 21 世纪以来，我国各级教育部门越来越重视素质教育。素质教育的核心理念中包含全面发展育人理念。中职学生毕业后会面临激烈的工作竞争，要想在激烈的竞争中脱颖而出，必须具有较高的综合素质。因此，中职学生在学校学习阶段就应该做到全面发展，学校在这一阶段就应对中职学生的全面发展给予重视。笔者认为，要想真正构建中职学校特色德育模式的保障体系，就必须把全面、自由发展始终作为中职德育的育人目标，改变传统的中职德育大一统的政治化倾向，纠正传统的重技轻德的错误理念，切实依据马克思主义的以人为本思想育人，切实实施中职学校的特色德育模式育人。如果中职学校特色德育模式无法做到让学生得到全面发展，那么这样的特色德育模式也是不可取的，是存在问题的。所以，要想真正保障中职学校特色德育模式的有效运行，必须树立全面发展的育人理念，以全面发展的育人理念指导中职学校特色德育模式的实施。

三、树立系统工作理念

系统论重视整体效应。中职学校特色德育模式是一个系统，各个要素之间必须相互配合、相互作用，才能形成德育的整体效应，才能保障中职学校特色德育模式的有效运行。中职学校在构建特色德育模式时要从整体上考虑，把德育内容、德育目标、德育方法、育人格局纳入系统，从整体角度进行考虑。只有发挥系统的整体效能，才能让中职学校特色德育模式发挥最大效应。中职学校特色德育模式作为系统工程，唯有实现系统化，方能成为一个成熟的德育模式。在构建中职学校特色德育模式的时候，必须始终树立系统工作的理念，将整个中职学校特色德育模式中的各个环节、各个关键点考虑进去，将各个环节和关键点有效衔接，才能让中职学校特色德育模式运行起来，使中职学校特色德育模式的运行成效得到有效的保证。

第二节　组织保障

为了保障中职学校特色德育模式的有效运行，还需要为其提供组织保障。没有组织保障，中职学校特色德育模式是很难真正运行的。中职学校在构建特色德育模式的过程当中，要提供坚实的组织保障。笔者认为，建设中职学校特色德育模式的组织保障具体可以从以下几个方面进行。

一、建立领导小组

中职学校要建立一个有组织的、全方位的、立体的工作系统，必须明确各个机构在特色德育体系中的具体权责，加强中职学校党委对特色德育模式实施的领导工作，这是非常重要的，也是基本原则，在任何情况之下都不能动摇。中职学校党委对特色德育工作实施领导，可以保证中职学校特色德育模式的社会主义方向，可以调动学校资源来促进其发展。中职学校应成立一个校级特色德育工作领导小组，由学校党委书记或校长担任领导。下属的各个系（科）也要建立相应的特色德育工作领导小组，配合校级特色德育工作领导小组工作。

二、其他部门配合

除此之外，中职学校的其他部门也要参与到特色德育模式的运行中来，为特色德育模式的构建提供组织保障。这里所说的其他部门主要包括各专业的教学主管部门、学校党团组织部门。中职学校特色德育模式的实施离不开各专业具体教学主管部门的配合，如果没有这些部门的配合，中职学校特色德育模式就很难有效实施。一般来说，中职学校特色德育模式由学校提出统一要求，然后再由各专业的教学主管部门具体负责实施。在这些专业教学主管部门当中，思想政治教学部门是主要部门，特色德育模式的实施在很大程度上要依靠思想政治教学部门执行。学校党团组织也需要积极配合中职学校的特色德育模式的运行工作，将特色德育模式渗入日常组织的各项活动中。有这些部门的积极配合，中职学校特色德育模式才能有效运行。

三、全员积极配合

中职学校特色德育模式的实施是一个系统工程，仅仅依靠学校领导以及各部门的努力并不够，学校全体教职员工也要积极予以配合。只有做到全员参与并积极配合，中职学校特色德育模式方能有效运行。在特色德育模式实施之前以及实施的过程当中，学校领导以及各专业（系）主管部门要动员学校所有的教职员工积极参与中职学校特色德育模式的实施，让每个人都贡献出自己的一分力量。参与方式可以是开座谈会，也可以是张贴宣传标语，当然，途径还可以更多。在具体实施过程当中，领导小组要积极开动脑筋，利用多种途径积极动员所有教职员工参与到特色德育模式的运行中。

第三节　制度保障

笔者认为，制度保障是中职学校特色德育模式保障体系的核心内容。正所谓：无规矩不成方圆。制度本身就是德育的文化资源，它可以为中职学生的德育发展提供养分。因此，中职学校要制订相关制度以保障特色德育模式的有效运行。诸如可对学生、教师、学校领导的行为、义务、责任进行细化，可对后勤部门的行为、义务和责任进行细化，对班级的行为、义务和责任进行细化，最后形成制度。再如，中职学校可以学校常规管理为着力点，加强对文明常规、校园绿化管理常规、班级卫生常规、实训实习常规的细化和管理，这样的常规管理可以有效训练和帮助中职学生养成良好的行为习惯，促进中职学生思想道德水平的提升。除此之外，我们还需要建立如下制度来有效保障中职学校特色德育模式的运行。

一、监督制度

为了保障中职学校特色德育模式的有效运行，中职学校要建立严密的监督制度。 建立监督制度是为了考察各部门、教师是否严格遵照学校的要求有效、认真地完成自己所应承担的特色德育任务。 在现实生活当中，很多中职学校虽然也构建了特色德育模式，但是由于未建立监督制度，特色德育模式的实施成效受到影响。 部分部门或教师因为学校缺乏相应的监督制度而放松自己，没有真正有效地参与到特色德育模式的运行当中去。 笔者认为，中职学校首先要建立一个特色德育模式实施监督小组，监督小组建立起来之后，再建立起相应的监督制度。 监督制度可以包括以下几个方面：(1) 定期或不定期地对学校的特色德育模式的实施情况进行抽查；(2) 建立群众举报制度，让群众积极举报和提出特色德育模式实施过程当中存在的问题。 有了上述监督制度之后，中职学校的特色德育模式才能有效地开展起来。

二、奖惩制度

奖惩制度的建立可以在一定程度上激发全体教职员工参与特色德育模式构建的积极性。 奖惩制度的建立对于中职学校特色德育模式的实施是一种有效的保障。 对于那些在特色德育模式的实施过程当中贡献较大或表现较为突出的团体或个人，学校要给予他们一定的物质奖励、精神激励。 当然，奖励也可以与绩效考核或职位变迁挂钩。 有了这样的激励制度，中职学校特色德育模式的构建和运行才能事半功倍。 除此之外，为了让中职学校特色德育模式有效运行，还要建立惩处制度。 对于那些在中职学校特色德育模式构建和运行中表现较差的部门和教职员工，学校要对其进行通报批评，或取消其在学校享受某些奖励的机会。

当然制度不应是一成不变的，如果发现相关制度与特色德育模式的运行与发展相冲突，要及时对其进行修改和完善。 只有做到不断完善和发展才能真正发挥制度的保障作用。

第四节　物质保障

没有一定的物质条件，中职学校特色德育模式是很难有效运行的。一直以来，绝大多数中职学校都把学校有限的资金投入到学校的实训基地建设、专业课程建设以及硬件建设方面，对于德育教育工作则并没有投入足够的资金。由于缺乏足够的经费保障，特色德育模式运行不畅，一些好的德育计划，由于经费短缺，常常无法有效实施。基于此，中职学校必须在特色德育模式的构建方面强化物质保障。

一、申请国家资助

中职学校发展特色德育需要的资金可以向国家相关部门申请资助。进入 21 世纪以来，由于国家对职业教育十分重视，政府投入了大量的资金。在这样的政策背景之下，中职学校发展特色德育模式可以向国家申请资助。有了国家的财政支持，中职学校的特色德育模式运行就有了物质保障。据笔者了解，目前鲜有中职学校在发展特色德育模式的时候会向国家申请资助，即使有少许中职学校向国家申请了资助，所获得的资金也鲜有真正运用于特色德育模式的构建当中去的。对于这样的做法笔者并不苟同。笔者认为，中职学校应该重视特色德育模式的运行，应该为其提供坚实的物质保障。

二、学校直接拨款

发展特色德育模式需要资金支持，中职学校可以直接拨款支持特色德育模式的构建和运行。很多中职学校虽然构建了特色德育模式，但是在特色德育模式的具体运行当中却缺乏资金的支持。中职学校作为实施特色德育模式的主体，在特色德育模式的实施过程中要投入一定资金。很多中职学校看似非常重视特色德育模式的构建，但在具体运行过程当中却未给予足够的资金支持，这样的做法不能够真正促进特色德育的发展。笔者建议中职学校的领导要重视特色德育模式的发展，并为特色德育模式的运行拨付更多的资金。

三、社会募集资金

中职学校在发展过程当中得到了社会上很多爱心人士以及企业的资金支持。中职学校特色德育模式的实施也可以采取同样的方式募集资金。学校可以安排专门的工作人员来负责这项工作，获取社会爱心人士和企业的资助，使中职学校特色德育模式有效运行。学校可以利用校庆、校友会，倡议学校校友为学校的特色德育模式发展提供资金支持，也可以由学校的相关负责人员去一些企业游说，希望企业可以为特色德育模式的发展提供资金支持。有了足够的资金支持，中职学校特色德育模式的实施也就有了坚实的物质保障。

概括起来说，中职学校特色德育模式运行需要的物质保障，可以由学校向国家申请资助，可以由学校直接拨款支持，也可以到社会上募集资金。无论采取哪种方式都需要学校领导对其有足够的重视。只有得到足够的物质保障，中职学校特色德育模式才能得到真正的发展。

总而言之，要想真正促进中职学校特色德育模式的有效运行，需要为其提供坚实的思想保障、组织保障、制度保障以及物质保障。做好上述保障措施，中职学校特色德育模式才能真正有效运行。

参考文献

[1]柴世钦.试谈工程德育模式的构建[J].中国建设教育，2009.

[2]韩新民.我国高校德育模式建构初探[D].山东师范大学，2007.

[3]程序.综合高中德育模式的建构研究[D].西南师范大学，2004.

[4]任海华.以职业伦理定向、自身价值追求实现高校辅导员身份统合[J].南阳理工学院学报，2014.

[5]王元明.生命化德育——学校道德教育的应然选择[D].东北师范大学，2009.

[6]张旺斌.对“民族的就是世界的”的思考——兼论文化的民族性与世界性[J].新闻世界，2012.

[7]李天燕.家庭教育学[M].上海：复旦大学出版社，2007.

[8]吴江虹.关于班级德育模式的探索：对我校“阳光德育”实践的总结与反思[D].华中师范大学，2008.

[9]李显棠，段鑫星.论社会实践对德育模式的优化[J].思想教育研究，2011.

[10]高燕.中职学校科学德育方法实施研究[D].山东师范大学，2006.

[11]顾明远.教育:传统与变革[M].北京:人民教育出版社,2004.

[12]倪胜利.教育文化论纲[M].重庆:重庆大学出版社,2011.

[13]侯岩.学校文化研究概论[M].郑州:河南人民出版社,2008.

[14]顾明远.论学校文化建设[J].西南大学学报(人文社会科学版),2006.

[15]刘正伟,仇建辉.学校文化建设:特色与品牌[M].济南:山东教育出版社,2010.

[16]史洁,冀伦文,朱先奇.校园文化的内涵及其结构[J].中国高教研究,2005.

[17]俞国良,王卫东,刘黎明.学校文化新论[M].长沙:湖南教育出版社,1999.

[18]葛金国,吴玲,周元宽.课程改革与学校文化重建[M].合肥:安徽教育出版社,2007.

[19]叶文梓.论中小学校长的办学理念[J].教育研究,2007.

[20]陈玉云.学校办学目标设计与思考[J].教育发展研究,2007.

[21]教育大词典(第一卷)[M].上海:上海教育出版社,1990.

[22]朱法贞.教师伦理学[M].杭州:浙江大学出版社, 2001.

[23]刘宝民.中职德育课程改革的新突破[J].中国职业技术教育,2009.

[24]余清臣,卢元凯.学校文化学[M].北京:北京师范大学出版社,2010.

[25]叶薇芳.班级文化建设的实践与反思[J].思想理论教育,2012.

[26]林崇德.品德发展心理学[M].上海: 上海教育出版社, 1989.

[27]鲁洁, 王逢贤.德育新论[M].南京: 江苏教育出版社, 2010.

[28]罗桂云.大学生传统道德认同教育探析[J].黑龙江教育(高教研究与评估), 2013.

[29]魏景荣.论隐性职业素养与高职学生就业竞争力[J].南京工业职业技术学院学报, 2008.

[30]温萍.论“第四代评价理论”对我国本科教学评估的启示[J].中国成人教育, 2010.

[31]刘献君.论文化育人[J].高等教育研究,2013.

[32]陈元新,沈红芳.动态评价与教师专业成长[J].中国教育报, 2004.

[33]沈怡.教育评价理论的发展及其对职业教育评价观的影响[J].职教论坛, 2009.

[34]班华,薛晓阳.新时期我国德育模式研究的理论特征[J].北京大学教育评论,2004.

[35]张敷荣,和学新.试论德育实践的逻辑起点[J].华东师范大学学报(教育科学版),1998.

[36]周晓静.课程德育——走向整合的学校道德教育[D].南京师范大学,2006.

[37]李晓峰.活动德育论[J].教育导刊,2000.